你一定要告诉儿子的那些事

王晓辉　郭春光　刘　俊／编著

中国纺织出版社有限公司

内 容 提 要

每个男孩在成长的过程中必然会遇到各种各样的苦恼，也常常陷入困境，这时就需要父母及时帮助男孩排忧解难，鼓起勇气，砥砺前行。

本书从男孩成长的身心发展特点出发，告诉父母在陪伴男孩成长的过程中，需要留意并做好哪些方面的事情。书中不但有应对男孩在特定成长阶段中出现的各种问题的答案，也有根据家庭环境、男孩性格特点等，有的放矢地教育男孩的方式方法。

图书在版编目（CIP）数据

你一定要告诉儿子的那些事 / 王晓辉，郭春光，刘俊编著. --北京：中国纺织出版社有限公司，2019.11
ISBN 978-7-5180-6197-6

Ⅰ.①你… Ⅱ.①王… ②郭… ③刘… Ⅲ.①男性—青春期—家庭教育 Ⅳ.①G782

中国版本图书馆CIP数据核字（2019）第089692号

责任编辑：王　慧　　特约编辑：王佳新
特约编辑：江思飞　　责任印制：储志伟

中国纺织出版社有限公司出版发行
地址：北京市朝阳区百子湾东里A407号楼　邮政编码：100124
销售电话：010-67004422　传真：010-87155801
http://www.c-textilep.com
中国纺织出版社天猫旗舰店
官方微博http://weibo.com/2119887771
三河市宏盛印务有限公司印刷　各地新华书店经销
2019年11月第1版第1次印刷
开本：710×1000　1/16　印张：15
字数：178千字　定价：39.80元

前言

有人说，男人来自金星，女人来自火星，其实，不仅成年的男性和女性之间有巨大的差异，即使是年幼的孩子，异性之间也是完全不同的。养育儿子和养育女儿，对于父母提出了不同的要求。作为父母，要想给孩子最好的教育、最到位的引导，就一定要更加积极地与孩子沟通，也要用心观察孩子的各种表现，从而最大限度激发起孩子生命的能量，帮助孩子养成良好的习惯，形成优秀的品质，这对于孩子一生的成长而言都是至关重要的。

新生儿从呱呱坠地开始，就表现出了性别的特征，随着不断地成长，他们的个性特征越来越强。很多细心的父母会发现，即使是哭声，男孩与女孩也是不同的。因此，作为男孩的父母，一定要更加了解男孩的身心发展特点，有的放矢地帮助男孩成长。

很多父母在培养孩子成长的过程中还会犯一个错误，即他们认为孩子始终都是襁褓中的婴儿，而没有意识到，孩子已经在不知不觉之间渐渐长大。父母只有怀着与时俱进的思想，与孩子一起进步和成长，才能跟得上孩子的脚步，并最大限度激发自身的力量，给予孩子更好的引导。

当然，要做好父母，除了要有一张巧嘴对孩子谆谆教诲之外，最重要的在于要以身示范，给孩子做出榜样。唯有如此，才能对孩子言传身教，双管齐下地教育孩子。很多父母“只许州官放火，不许百姓点灯”，对于孩子做出的很多要求，实际上自己都没有做到。不得不说，尽管男孩性格粗犷，有的时候也是心细如发的。对于父母的言行举止，他们全都看在眼睛里，牢记在心中。因此，父母要对男孩有的放矢地开展教育，也要最大限度激发起男孩内心的力量，让男孩在成长的过程中更加勇往直前，绝不畏缩。

总而言之，养育孩子绝不是一蹴而就的事情，不管是面对男孩还是女孩，父母都要做好长期努力的准备，这样才能更有耐心地对待男孩，也才能以切身的实际行动引导男孩。父母要记住，在成长的道路上，男孩会有很多优秀的表现，也会有很多做得不好甚至不对的地方。父母唯有真正地接纳男孩，才能怀着平静的心绪引导男孩成长，才能在激励男孩不断努力进取的过程中，同时提升自己的能力和水平，让自己成为更加合格且优秀的父母。好的家庭建设，离不开父母与孩子的共同努力，好的家庭教育，要从此时此刻开始做起！

编著者

2019年4月

目录

第01章 敢于表达自己，大方表现自己

在成长的过程中，男孩总会面临很多困惑。为了帮助男孩全方位成长，更好地表达自己，父母要激励男孩更加勇敢，要让男孩掌握语言的技巧，从而绽放自己的风采。当然，表达能力并非与生俱来的，因为男孩的语言能力比女孩发展得晚，在人际关系方面也不如女孩那么灵活，所以就更要有的放矢地发挥自身的能力，激发自身的潜力，如此才能成为一个语言的强者。

勇敢说出自己的想法

随着时间的流逝，那个曾经怀抱里的小小婴儿，已经不断地成长，成为了小小的男子汉。从新生儿呱呱坠地之时，父母就无微不至地照顾孩子。然而，随着孩子不断地成长，在两三岁前后，就要经历自我意识觉醒期，从而把自己与外部世界区分开来，变得更有主见。随着成长，孩子的语言表达能力也得以发展，他们更愿意与父母进行沟通，也渴望在人际交往中表达自己的意愿和主见。从此之后，父母与孩子的沟通也会日益频繁，如果沟通顺利，且父母能够真正做到尊重和平等对待孩子，则孩子会更乐于与父母交流。如果父母对孩子缺乏尊重和平等的态度，则孩子在进入青春期之后，会渐渐关闭心扉，与父母之间的交流就越来越少。其实，不是孩子不愿意和父母沟通，而是因为父母没有掌握与孩子沟通的正确方式，缺乏技巧，所以才会导致孩了对父母产生隔阂，不愿意与父母沟通。

父母要引导孩子学会表达，因为随着不断地成长，孩子的小心思越来越多，他们与父母之间的交流也更加频繁。对于父母而言，一定要真正发自内心地尊重和平等对待孩子，这样孩子才会愿意对父母敞开心扉。父母还要告诉孩子，不管什么时候，都要勇敢说出自己的想法。很多父母对于孩子的管教过于严厉，会导致孩子不敢对父母敞开心扉。让孩子勇敢地表达自己的想法很重要，因为沟通正是父母了解孩子的最佳途径，也是亲子关系之间保持融洽的基础。

有些孩子性格内向，茶壶里煮饺子倒不出来，这样一来，即使精神活动很丰富，内心世界很精彩，也无法向外界呈现出来。有些孩子虽然知识不够渊博，但是他们可以勇敢地表达自己，也可以灵活使用语言表达的能力，让自己的内心更加生动形象地表达出来，这样的孩子具有很强的语言表达能力，在人际交往过程中也会有更好的表现。不得不说，和茶壶里煮饺子倒不出来的孩子相比，这样的孩子口才更好，也会更加勇敢地面对自己真实的内心。

张杰从小就是个很内向的孩子，在成长的过程中，一直不喜欢说话。一开始，妈妈误以为张杰是天生性格内向，后来才发现负责带养张杰的奶奶就很不喜欢说话，所以总是与张杰相对两无言。又因为奶奶喜欢打麻将，常常带着张杰去打麻将，导致张杰长期处在很多老人之间，没有机会与同龄人相处，因而更加沉默寡言。有的时候，张杰和奶奶沟通，如果张杰说得不对，奶奶还会训斥张杰，导致张杰更加胆小怯懦，不敢表达。

意识到问题的严重性之后，妈妈当即和爸爸商量一致，辞掉工作，专心致志在家负责亲自带张杰。妈妈告诉张杰："小杰，你要说出自己心里想的话，这样别人才知道你在想什么，知道吗？"此后，妈妈每天都带着张杰去小区公园里玩耍，在这里，张杰可以接触到更多的同龄人，也可以和小伙伴高兴地玩耍。渐渐地，张杰的性格变得越来越开朗，他渐渐喜欢上说话，就像一个牙牙学语的孩子一样和父母交流，和小伙伴交流，感到新鲜有趣。

作为父母，当发现孩子在成长过程中出现沉默寡言的情况时，在排除孩子生理上的原因之后，我们一定要从教养孩子的方式上进行反思，这样才能有的放矢地改变教养的方式，给予孩子更好的引导和启发。

此外，父母还要注意的是，父母要更加有的放矢引导孩子进行交流。尤其是要让孩子知道交流的乐趣，这样孩子才会愿意敞开心扉，勇敢地表达自己的想法，并在成长的过程中因为交流得到更多与他人信息互相交换的机会，这对于孩子而言是很重要的。

爸妈有话说：

儿子，你已经长大了，有自己的思想和主见。不管何时，爸妈都愿意倾听你最真实的想法，也愿意尊重你，平等对待你。如果有需要探讨的问题，爸妈也希望你可以与我们探讨，记住，爸妈永远是你最坚强的后盾，也愿意倾听最本真的你。

犯错不可怕，只要敢认错

孩子之所以撒谎，有各种原因。在三四岁时，孩子因为分不清想象和现实，且出于纯粹利己主义的考虑，他们会以撒谎的方式保护自己，以避免受到批评，也会以撒谎的方式争取得到愿望的满足。为此，父母在这个阶段不要对孩子的撒谎行为过分紧张，而应为孩子营造宽松的家庭环境，并引导孩子分清楚想象和现实。随着不断地成长，孩子的心思越来越趋于成熟，在这个阶段，他们之所以撒谎，往往是为了逃避责骂和惩罚。细心的父母会发现，越是在家庭氛围严肃的家庭里，孩子撒谎的情况越是常见，这是因为父母一旦发现孩子犯错误，就严肃批评孩子，有些父母甚至还会以简单粗暴的方式惩罚孩子。这样一来，导致孩子不敢坦诚地面对父母，为此只能以撒谎的方式逃避父母的责骂。

父母要告诉孩子，人非圣贤，孰能无过，每个人都会犯错误，最重要的是知错就改，这样才能不断地提升和完善自己。很多父母对于孩子的成长寄予了过高的期望，对孩子的要求未免苛刻。在这种情况下，父母也要有意识地降低对孩子的要求，这样一则可以有效缓解孩子撒谎的情况，二则可以帮助孩子建立自信心。所谓知错能改，善莫大焉，孩子正是通过错误来不断成长和进步的。对于孩子而言，犯错不可怕，最重要的是不要逃避错误，而应勇敢努力地反思自身，从而积极主动地承认错误，改正错误。

有一天，妈妈带着小列宁去姑妈家里玩耍。因为许久没有见到兄弟姐妹，列宁一到姑妈家里，就和兄弟姐妹们玩起来。他们玩得很高兴，在大厅里跑来跑去。突然，姑妈听到一声响声，为此她和列宁妈妈一起赶去查看情况。看到地上都是瓷器的碎片，姑妈不由得惊呼起来，原来，姑妈最喜欢的瓷器被碰到地上摔碎了。姑妈当即询问情况："是谁把我最心爱的瓷器碰到地上的？"兄弟姐妹都低着头，列宁也低着头。姑妈依次问每个孩子，兄弟姐妹们都摇头说瓷器不是自己打碎的，问到列宁的时候，列宁满脸通红，用微弱的声音回答："不是我。"看着列宁的样子，妈妈知道瓷器一定是列宁打碎的。不过当着姑妈的面，妈妈没有戳穿列宁。

回到家里，妈妈经常讲诚实的故事给列宁听。有一天晚上，妈妈刚刚为列宁讲完故事，列宁突然哭起来，说："妈妈，对不起，姑妈的花瓶是我打碎的，我撒谎了。"妈妈摩挲着列宁的头说："孩子，犯错没关系，最重要的是犯错之后勇敢地承认错误，这样才能改正错误，获得成长。"列宁擦干眼泪，对妈妈说："妈妈，我过几天就给姑妈写信承认错误。"妈妈对列宁说："为何还要过几天呢？现在不就是最好的时候吗？”在妈妈的建议下，列宁当即从被窝里爬出来，拿出纸笔给姑妈写信承认错误。没过几天，姑妈的回信就到了。在回信里，姑妈对列宁说：“孩子，你的诚实比一切瓷器都更加可贵。”

小列宁因为害怕被批评，而不敢主动承认错误。后来，在妈妈的引导下，他才意识到自己的错误，因而主动向妈妈承认错误，又写信向姑妈承认错误。姑妈的话很对，孩子的诚实比一切瓷器都更加可贵，因为唯有诚信的人才能立足人世。

在教育孩子的过程中，父母除了要教会孩子诚信之外，还要以身示范，给孩子树立诚信的榜样。很多父母对于孩子的诚信不够重视，总觉得孩子还小，因而忽略了对孩子诚信的培养。实际上，诚信是孩子的立身根本，也是孩子在人生之中做出成就的基本保证。

爸妈有话说：

儿子，你是男子汉，就要敢于担当，也要勇敢承担起属于自己的责任。每个孩子都是在犯错误的过程中成长起来的，所以即使你犯错，爸爸妈妈也不会不分青红皂白地就批评你。要记住，犯错不可怕，最重要的是犯错之后要有改正错误的态度，这样才能不断地提升和完善自己，也才能获得成长。

不惧怕比赛

自信，是人生获得成功的基础，孩子唯有拥有自信的品质，才能激发自身的潜力，让自己得到长足的发展，作为父母，我们一定要激励孩子更加勇敢。在成长的过程中，孩子从家庭中走出来，融入社会，他们要面对更多的竞争，也要接受更多的挑战。当面对比赛的时候，很多孩子会因为胆怯而畏缩，不愿意接受比赛，并且采取逃避的态度。父母要鼓励孩子参加比赛，因为比赛不仅有胜负输赢，而且可以验证孩子的学习情况和能力。接受比赛的检验，还可以增强孩子的胆识，磨炼孩子的心智，让孩子在比赛中得到历练和成长。当孩子对待比赛可以做到兵来将挡、水来土掩时，他们就可以更加自信，也可以坚定不移地迎接人生中的每一次比赛和挑战，证明自己的实力。

现实生活中，很多孩子对待事情都会表现出畏缩、胆怯的情况，他们担心自己做不好，也害怕自己因此而遭到父母的批评。其实，如果父母能够怀着平常心面对孩子的比赛，并最大限度调整好孩子的心态，孩子就能更加自信从容，发挥出自己最强的实力，今后，也会更加勇于迎接人生的挑战。父母一定要帮助孩子建立自信，也要培养孩子勇敢的品质。

特特十二岁，正在读小学六年级，虽然爸爸是特种兵，但是特特显然不具备爸爸的勇敢坚毅。相反，特特非常胆小，而且遇到一点小小的困难，马上就想要退缩。为了培养特特坚强的品质，妈妈经常鼓励特特，爸爸也常常找机会带着特特挑战困难，但是都收效甚微。

有一次，特特的学校里举行运动会。因为特特的身体强壮，老师建议特特代表班级参加扔铅球比赛。没想到，特特马上退缩："不行，不行，我不行，我一定会给班级丢脸的。"老师看到特特这么畏缩，很发愁，因而对特特说："特特，老师相信你一定能行的。"然而，特特丝毫没有进步，还是不停地推辞。无奈之下，老师只好联系妈妈做特特的思想工作。妈妈对特特说："特特，老师相信你，才会推荐你代表班级扔铅球。你想想，老师为何不推荐别人呢？所以你一定要对自己有信心，也不要辜负老师的期望。只要你全力以赴去做，老师一定会认可你的付出。”在妈妈的鼓励下，特特终于鼓起勇气报名参加扔铅球比赛。在运动会上，爸爸妈妈全都到场给特特加油鼓劲，特特全力以赴，居然在比赛中取得了第一名的好成绩。

在家庭教育中，爸爸妈妈必须要帮助孩子建立自信心，这样孩子在成长的道路上遇到困难的时候，才会全力以赴，勇往直前。否则，如果孩子缺乏自信，遇到任何问题都止步不前，渐渐地，孩子的成长一定会受到限制，他们也无法发挥自身的潜力。

很多孩子常常拿自己的缺点和其他孩子的优点进行比较，殊不知，这样不但缺乏公平，而且也会导致孩子缺乏信心。明智的父母会最大限度激发孩子的自信心，帮助孩子鼓起信心和勇气，绝不畏缩地面对人生的风风雨雨。此外，父母还要以发展的眼光看待孩子，很多父母因为知道孩子在某些方面有缺点，就轻看孩子。殊不知，孩子始终处于发展变化之中，他们每一天都有或大或小的进步，是不可小觑的。父母一定要与时俱进地看待孩子，跟上孩子成长的脚步，如此才能在陪伴孩子成长的过程中不断地激励孩子。

爸妈有话说：

儿子，比赛有输有赢，没有人能保证自己一定赢。面对比赛有可能出现的结果，只要全力以赴去努力，做到问心无愧，就可以了。记住，不要总是拿自己的缺点与他人的优点相比较，而应每天都坚持努力、进步，这样才能不断地成长。

可以承担责任

几乎每个男孩的心中都有一个英雄梦，他们从小就崇拜动画片中的英雄人物，也梦想着自己有朝一日能够成为英雄。然而，要想成为英雄，首先要能够承担责任。如果男孩从小就在父母无微不至的照顾下成长，而且从来没有承担过任何责任，他们就会变得胆怯畏缩，即使小小的困难也会把他们吓倒。为此，要想圆男孩的英雄梦，父母首先要增强他们的责任心，让他们能够勇敢无畏地接受很多任务。唯有如此，男孩才会变得越来越强大。

男孩小时候，对于自己如何才能成为英雄总是怀着稚嫩的想法，他们觉得男孩要善于战斗，才能激发潜在的力量，且要始终勇往直前，无所畏惧，才能成为真正的大英雄。殊不知，初生牛犊不怕虎式的英雄，是无知的英雄。真正的英雄是明知道完成某一项任务需要付出极大的努力，需要坚持不懈去战斗，也依然勇往直前的人。然而，很多孩子都不具备这样迎难而上的性格，在现实生活中，他们胆小怯懦，尽管也确立了行动的目标，却因为畏缩和拖延，导致好的想法变成了空想，行动力更是匮乏。所以父母要教会孩子承担责任，告诉孩子如何以行动打破始终退缩的魔咒。唯有如此，孩子才能坚持不懈，果断向前，才能在成功的道路上始终奋勇直前，迎难而上。

特特长得很强壮，实际上性格却很怯懦。有的时候，一旦意识到困难的存在，他就会马上退缩。对于别人给予他的机会，他也会因为缺乏自信而推辞。为此，妈妈一直很担忧，也在有意识地培养特特的责任心，希望特特有朝一日可以增强自信，勇往直前。

有一次，特特长了龋齿，需要去医院进行根管治疗。众所周知，根管治疗是很痛苦的，妈妈很怕长得比自己还高的特特害怕得哭起来，那就太尴尬了。为此，在家里的时候，妈妈就给特特打预防针，告诉特特："根管治疗会有一点点疼，你可不要哭啊，那就太丢人了。"特特听到疼，马上畏缩："要是很疼，我还是不去治了吧！"妈妈说："那怎么行，你坏掉的可是恒牙，如果不治疗，变得越来越严重，那就只能拔掉了。"在妈妈的坚持下，特特无奈，只好在妈妈的陪伴下去看牙医。进行根管治疗的时候，特特非常抵触。医生建议妈妈："您最好先回避一下。"妈妈很不放心，一步三回头地离开了。大概半个小时，治疗完成，妈妈赶紧进去查看特特的情况，却发现特特居然没有哭。妈妈惊讶地说："特特，你这么勇敢！"医生笑着说："你要是在旁边，他肯定哭，根管治疗还是比较疼的。你不在身边，他没有依赖，只能独自接受这个任务，只能坚强。"特特也笑起来，说："虽然很疼，还算可以忍受。"妈妈由衷地对特特竖起大拇指："特特真的长大了。"

医生说得很对，如果父母在身边，孩子有人可以依赖，就会情不自禁地撒娇，承受能力自然大大减弱。父母不在身边，孩子没有可以依赖的人，在面对艰巨的任务时，只能独自面对，勉强支撑。这样一来，他们的承受能力大大增强，内心也会变得更加坚强。作为父母，不要低估孩子的承受能力，而是要随着孩子能力的增强，学会对孩子放手，也要真正尊重孩子，给予孩子更大的成长空间。

要想让孩子勇敢地接受一项任务，父母就要给孩子证明自身能力的机会。父母要告诉孩子，唯有正确认识自己，既不盲目自卑，也不盲目自信，才能最大限度激发生命的潜能。

爸妈有话说：

儿子，你已经长大了，不再是爸妈怀抱中的小婴儿。随着不断成长，你必然要承担起生命中更多的重任，你一定要勇敢，要有责任心。每个人生活在这个世界上，都有自己特定的责任和义务，都有自己的使命，唯有不断地成长，努力地进取，坚持证明自己的能力，才能成为真正的人生强者。

我的事情我做主

很多父母喜欢帮助孩子做主，对于孩子生命中遇到的很多事情，在孩子小时候，父母帮助孩子拿主意无可厚非；而随着孩子渐渐长大，很多父母依然停留在孩子还需要完全依赖父母的阶段，因此对于孩子的成长总是指手画脚。殊不知，孩子每时每刻都处于成长阶段，他们一直在坚持学习和进步，也一直在成长的道路上努力前行。作为父母，我们不要把思想始终停留在孩子刚刚出生的时候和襁褓阶段，而是要随着孩子不断地成长，与时俱进地看待孩子。

如果父母总是对孩子亦步亦趋，代替孩子做所有的事情，孩子一定会变得很依赖父母，就是长大成人后，也无法鼓起勇气独立面对人生。相反，如果父母可以跟随孩子成长的脚步，根据孩子的能力发展适时地对孩子放手，就可以循序渐进地提升孩子的能力。没有孩子一出生就非常独立，能够自主处理很多事情，要想让孩子“我的事情我做主”，父母就要适时对孩子放手，并最大限度提升孩子的能力。正如人们常说的，溺爱是父母对孩子最大的害。明智的父母不会总是对孩子寸步不离地保护，而是知道必须学会对孩子适时放手，有的放矢地锻炼和提升孩子的能力，如此，孩子才会得到更大的成长和进步。

前些年，时常爆料出让人难以置信的新闻。有的大学生进入校园之后，因为不会铺床，导致只能坐在床边守候一夜；有的大学生因为从未见到过带壳的鸡蛋，所以看着鸡蛋却不会剥掉蛋壳。这些新闻听起来匪夷所思，也让人忍不住指责现在的孩子动手能力太差。那么造成这一切情况的原因是什么呢？只是因为父母的溺爱和全权包办。父母不要羡慕别人家的孩子多么地独立自主，而是要反思自身是否给予了孩子足够多的机会去锻炼自己，也要反思自身是否有的放矢地引导了孩子成长。唯有从小培养孩子坚强自立的性格，孩子的自理能力才会不断增强，他们也才能最大限度激发生命的潜能，获得真正的成长。

有一天，特特和妈妈一起去游乐场玩。看到很多孩子都在坐过山车，已经长得比妈妈还高的特特也忍不住怦然心动。他问妈妈："妈妈，我可以玩过山车吗？"妈妈想了想，原本觉得过山车很危险，不想让特特去坐，但是转念一想，又觉得特特总是优柔寡断，也该到了有决断的时候。为此，妈妈对特特说："特特，你已经长大了。是否坐过山车，你可以自己做决定，但是有一点需要注意，你需要权衡利弊，也要确定坐过山车是没有危险的。妈妈希望你可以经过思考，做出自己的选择。"听了妈妈的这番话，特特陷入沉思。思考片刻，特特对妈妈说："妈妈，我决定坐过山车。那么多孩子都坐过山车，都没有危险，我也会遵守规则，不会有危险的。"妈妈微笑着赞许特特。

特特勇敢地坐上过山车，对站在下面等他的妈妈做出胜利的手势，妈妈对于特特的表现也由衷地竖起大拇指。坐完过山车，虽然特特有些头晕，但是他还是很兴奋，觉得挑战了自己。

孩子之所以不能为自己决定很多事情，就是因为他们习惯了依赖父母。在陪伴孩子成长的过程中，父母一定要有效地引导孩子做力所能及的决定，也要支持孩子的决定，并给予孩子强大的力量。如果父母总是否定和批评孩子，渐渐地孩子就会养成唯唯诺诺的性格，根本无法有效地成长。

作为父母，我们既是孩子的监护者，也是孩子的领路人。要学会对孩子适时放手，给予孩子更多的机会去自主决定自己的事情。也许孩子一开始做决定的时候无法考虑周全，甚至会疏忽很多事情，但是随着不断地成长，随着尝试的次数不断增多，孩子的能力也会得以增强，他们在做决定方面的表现会越来越好。

爸妈有话说：

儿子，你终于长大了，到了自己为自己负责的时候。你可以大胆地去做决定，只要是你的决定，爸爸妈妈一定会支持你。即使决定没有那么英明，给你造成了一定的困扰，爸爸妈妈也会坚定不移地站在你的身后，给予你力量，帮助你健康快乐地成长。

给别人留下深刻的印象

在人际交往中，唯有杰出的人才能给人留下深刻的印象。作为男孩，要想拓展人脉关系，要想在人群中脱颖而出，就要让自己变得与众不同。当然，这里所说的与众不同不是猎奇，并不要求孩子以独特的方式展现自己，而是要求孩子具有优秀的品质和不俗的谈吐，这样才能从人群之中脱颖而出。

古今中外，大多数受到欢迎的人，能够在人群中拥有号召力的人，都是具有杰出能力的人。相反，一个人如果总是很冷漠，无法融入团体之中，那么他就像书呆子一样，也许很博学，却始终无法赢得他人的认可和尊重。作为男孩，要更加注重内在的品质，而不要总是流于表面，更不要觉得表面的光鲜亮丽就能为自己赢得更多。只有更加笃定，坚守内心，才能给别人留下深刻的印象。毕竟对于男孩而言，只做表面工作是无法获得成功的，优秀的男孩要具备实力，更要勇往直前，才能用实力为自己代言。

当然，现代社会随着经济的发展，各个领域的竞争都非常激烈。男孩虽然还小，没有正式步入社会，成为真正意义上的社会人，但是他们同样要在人群中生活。为此，男孩也要适应激烈的竞争，更要努力在激烈的竞争中脱颖而出，这样在生活和学习中才会有更好的表现。父母要告诉男孩如何才能给人留下深刻的印象，诸如讲礼貌等都是最基本的条件，此外，还需要做得更好，表现更优秀，才能让自己出类拔萃。

乐乐是个很有礼貌的孩子，刚刚九岁，正在读小学三年级。才开学没多久，乐乐觉得肚子痛，去医院检查是慢性阑尾炎，输液效果不好，需要手术切除阑尾。住院之后，乐乐很快接受了微创手术，手术之后七八个小时，他就开始练习下床走路，表现非常勇敢。次日，乐乐的伤口没有那么疼了，他不喜欢待在病房了，而是喜欢和很多小病友一起玩耍。他们常常在护士站附近的开阔处玩耍，很快，乐乐就给护士阿姨留下了深刻的印象。

原来，和其他小病友相比，乐乐特别懂礼貌，不管和护士阿姨说什么话，都彬彬有礼。也因为平日里看书比较多，所以乐乐知识面很广，小小年纪的他，不管护士阿姨说什么，都可以攀谈几句，为此，护士阿姨都调侃他是“乐乐老师”。

乐乐之所以能给护士阿姨留下深刻的印象，首先是因为他很健谈。很多孩子看到成人总是不好意思攀谈，也常常因此而陷入被动的状态，乐乐则不然。他很善于和他人交流，而且说起话来彬彬有礼，自然会给他人留下好印象。又因为懂得很多百科知识，所以，虽然乐乐年纪小，但是在和成人交流的时候，内心里并不发怵，从而以不卑不亢、落落大方的举止给他人留下深刻印象。总而言之，一个人如果想给他人留下深刻印象，一定要展示自己，并表现出自己的优秀和与众不同。

父母在教养孩子的时候，要培养孩子落落大方的品质。很多孩子在与他人相处的过程中总是很畏缩，也常常表现出小家子气的样子，不得不说，这对于孩子拓展人际关系、丰富人脉资源没有好处，对于孩子的成长和进步也会起到禁锢的作用。在教养孩子的过程中，父母要潜移默化地帮助孩子不断成长，也要教会孩子如何与人相处、与人打交道。现代社会，每个人都需要融入人群之中，才会有更好的成长和发展。

爸妈有话说：

儿子，你已经长大了，要想在人群中脱颖而出，就要有自己的与众不同之处。在成长的过程中，不要流于肤浅，也不要总是做表面文章。就像一栋建筑要想吸引人注意，只有华丽的外表是远远行不通的，还要有稳固安全的品质。做人也是如此，流于表面的肤浅无法真正吸引他人，只有由内而外散发出独特的魅力，焕发出独特的神采，才能真正给他人留下深刻的印象。

幽默是智慧的最高表现形式之一

人们常说，幽默是智慧的最高表现形式之一。这么说很有道理，也的确有很多人为了追求幽默而学着说笑话，开玩笑， 不得不说，幽默和玩笑是截然不同的。玩笑也许很低俗，只是为了引人发笑，幽默却是智慧的高级表现形式之一，一个人唯有拥有智慧，才能真正地表现幽默。在西方国家，很多人都特别看重幽默，有些年轻人在寻找人生伴侣的时候，要求对方一定要幽默；有些单位在雇佣员工的时候，也希望员工是非常幽默的，能给身边的人和自己带来快乐。为了让孩子具有幽默感，父母要努力地培养孩子积极乐观的性格。一个人的幽默，是发自心底的欢声笑语，是真正的积极乐观和主动。强颜欢笑不叫幽默，以低俗的玩笑把自己的快乐建立在他人的痛苦之上，也不是幽默。

幽默的人就像是开心果，不但能给自己带来快乐，也能给身边的人带来快乐。男孩如果能够成为幽默的人，就可以以幽默的精神给身边的人带来快乐，也可以让自己更加乐观向上，积极主动。在一个家庭里，如果父母很幽默，给孩子营造出轻松愉快的家庭氛围，孩子也会变得很幽默。反之，如果父母总是面色严肃，对孩子声色俱厉，则孩子就会压抑自身的感情，更无法具备幽默的品质。在人多的场合里，一旦出现冷场，总是让在场的人都感到很尴尬，幽默恰恰可以有效地融化人际关系之间的坚冰，让人与人之间冰雪消融，春暖花开。为此，父母要想让孩子幽默，首先自己要很幽默，且要为孩子营造良好的家庭氛围。孩子还小的时候，总是受到父母的影响。所以在孩子小时候，就有的放矢地培养孩子幽默的品质很重要。

乐乐是一个很幽默的孩子，这是因为他的爸爸妈妈都非常幽默。在乐乐的家里，总是充满欢声笑语。有的时候，爸爸说的幽默的话，还把乐乐逗得捧腹大笑呢！在爸爸妈妈的影响下，乐乐的性格也很开朗，而且幽默的话张口就来。

有一天放学的路上，爸爸开车带着乐乐回家，妈妈看到班级群里老师发布的考试成绩，发现乐乐的数学成绩有很大退步，为此忍不住训斥乐乐："乐乐，你这个家伙怎么回事，考试成绩就像坐了过山车一样忽上忽下，这样将来如何能考上好的初中啊？我早就告诉过你了啊，如果学习成绩不好，总是落后，考不上好初中就考不上好的高中，考不上好的高中，未来考不上好的大学，那可真是养不活自己，只能吃屎去啦！"因为情绪激动，妈妈的话很粗糙，不假思索就说出来了。以往，自尊心强烈的乐乐一旦听到"吃屎"二字就会很激动，变得歇斯底里，如今他已经能够控制自己的情绪，也学会了幽默。为此，他笑了笑，对妈妈说："妈妈，你要是请我喝猫屎咖啡，我很乐意天天吃屎，不过就是不知道你能否请得起呢！"听了乐乐这句话，正在开车的爸爸忍不住笑起来，说："嗯，乐乐的回答很幽默，也缓解了尴尬的气氛。"

面对妈妈的批评，乐乐以幽默化解了尴尬，也让现场的气氛变得轻松愉悦。这样一来，原本因为乐乐的数学成绩而沉重的话题，一下子就变得轻松起来。相信妈妈在那么严厉地训斥乐乐之后，也一定会觉得很尴尬，甚至不知道如何说接下来的话。幸好乐乐接话很巧妙，有效调节了气氛，所以才能让车内逼仄的空间变得不那么压抑。

在所有的场合里，幽默的人都是最受欢迎的。孩子并非生来就具有幽默的品质，而是在成长过程中渐渐养成了幽默的品质。作为父母，要想让孩子幽默，就要以身作则，为孩子树立积极的榜样作用。所谓言传大于身教，如果父母只是一味地教育孩子幽默，而不能切实给孩子做出积极的榜样，那么对孩子的教育效果就会很差。因此，父母要以身作则，教会孩子幽默，孩子才会在幽默的家庭环境中成长，受到潜移默化的影响，并在不知不觉中养成幽默的品质。

当然，要想让孩子形成幽默的品质，父母还要多多引导孩子读书。所谓读万卷书，行万里路，如果孩子眼光逼仄，生活经验匮乏，是无法真正幽默起来的。幽默不但是一种智慧，也需要丰富的知识作为基础和铺垫，这样一来，就需要父母也爱上阅读，经常以身示范引导孩子阅读，从而给予孩子树立积极的榜样作用。

爸妈有话说：

孩子，生活原本就是苦涩而又艰难的，要想在生活之中拥有更多的兴趣，感受到更多的乐趣，一定要学会幽默。幽默不但可以给自己带来快乐，还可以给你们身边的人带来快乐，让你成为一个真正的开心果，所到之处都充满欢声笑语，这样一来，你自然会处处受人欢迎，也可以塑造自己积极乐观的形象，给他人留下深刻的、良好的印象。

第 02 章

人际交往，尊重理解是基础

在人际交往的过程中，相互尊重和理解，是交往的基础。人与人之间如果没有尊重和理解，就无法建立良好的关系。作为男孩，要想建立和维护和谐的人际关系，就要学会尊重和理解他人，必要的时候还应站在他人的立场上思考问题，从而更加深入地理解他人。这样一来，男孩的人际关系才会发展顺利，人脉资源才会越来越丰富。

走出家门，才能结交更多的朋友

男孩要想结交更多的朋友，首先要走出家门。在城市里，大多数家庭都只有一个孩子，又因为居住在钢筋水泥的城市森林里，所以很少有机会和同龄人相处。在这种情况下，男孩很难结交更多的朋友，往往只能孤独地守候在家里，一个人玩玩具，享受美食，未免会感到食不知味，也无法领略到玩具真正的魅力。父母要告诉男孩，结交朋友需要走出家门。当然，在孩子小时候，如果他没有能力独自面对外部世界，父母也可以多带着孩子四处走走看看，还可以带着男孩去小区里的公共活动区域玩耍，这样一来，男孩就可以与更多的同龄人相处，从而可以建立良好的人际关系。

还需要注意的是，走出家门后，男孩不再是一个人独享家里的美食、玩具，而是需要和其他小朋友一起分享。男孩要学会与小伙伴相处，才能与小伙伴建立良好的关系。现代社会，大多数孩子都是独生子女，在父母的骄纵和宠溺之下，渐渐习惯于独享家里一切优质的资源，这未免会使得他们形成错误的思想，误以为自己是整个世界的中心，为此他们非常任性，很难与小伙伴和谐相处。因此，当孩子真正走出家门，走到同龄人的群体之中时，父母要引导孩子遵守人际相处的原则，更加乐于分享，这样孩子才能与他人建立良好的关系。

在小区的中心活动区域，每天都有很多老人带着孩子在一起玩耍。为了让孩子可以玩得更久，老人往往会给孩子带喜欢玩的玩具。有些孩子玩得比较好，还会相互交换玩具玩。瑞瑞每天出来都不带玩具，当看到其他孩子的玩具很好玩时，他就会抢夺其他孩子的玩具。有的时候，瑞瑞抢不过其他孩子，奶奶还会帮着瑞瑞抢。有一次，有个比瑞瑞大一些的孩子在玩滑板车，瑞瑞也想玩，奶奶就对那个大孩子说：“小朋友，把你的滑板车让给小弟弟玩一下，好不好？”小朋友拒绝了，奶奶还批评小朋友：“你这个小朋友怎么不懂得团结友爱呢，他比你小啊！”这个时候，小朋友的妈妈听到奶奶的批评，不卑不亢地说：“这位奶奶，你不觉得你和这孩子都太霸道了吗？别说是陌生的孩子之间大孩子没有必要让着小孩子，就算是一个家里的兄弟姐妹，大孩子是否愿意让着小孩子，也要看大孩子高兴，而不能强求。”听到小朋友妈妈的话，奶奶气鼓鼓地离开了。

还有一个小朋友叫杰米，杰米每天出来的时候都会带着好玩的玩具。杰米人缘很好，因为他总是能和小朋友玩到一起去。有的时候，杰米看到其他小朋友很喜欢他的玩具，还会和小朋友交换玩具玩。这样一来，几个小朋友在一起，尽管每个人都只带了一个玩具出来，但是大家把玩具相互交换，每个人都可以玩到好几种玩具。杰米的奶奶也非常和气，每当杰米和其他小朋友发生矛盾时，奶奶都会给杰米讲道理。渐渐地，再也没有人愿意和瑞瑞玩，而杰米每次出来都会遇到几个好兄弟，有些小女孩也很喜欢和杰米一起玩呢！

如何建立和维护良好的人际关系，显然不是一件简单的事情。对于瑞瑞而言，如果他不能改变蛮横霸道的行为方式，只会遭到更多孩子的抗拒，也会失去更多朋友。杰米则得到了奶奶的良好教育，在人际交往中表现得彬彬有礼，也总是能够受到其他小朋友的欢迎。

当然，要想建立良好的人际关系，父母对于孩子的教育和引导很重要。首先，孩子们在一起玩耍，难免会发生摩擦和磕碰，此时父母，不要护短，总是袒护自家的孩子，而是应该本着公平的原则，让孩子们自主解决问题，或者是以公正为原则处理好孩子们之间的矛盾。其次，父母要教会孩子记住他人的名字，对于哪怕只见过一面的人，如果孩子能够在第一时间喊出对方的名字，则会给对方留下良好的印象。此外，在与人交往中，如果孩子能够主动帮助他人，也可以建立和维护良好的人际关系。当然，如果父母本身很吝啬，却要求孩子给他人留下好印象，则往往难以实现、父母要以身示范，起到身教大于言传的作用，才能潜移默化地影响孩子，让孩子更加主动友好地对待他人，与他人建立和谐友好的关系。

育儿专家曾经说过，父母即使再怀着赤子之心与孩子相处，也无法代替同龄人在孩子成长过程中的作用。作为父母，一定要创造机会让孩子和同龄人相处，让孩子在同龄人的群体之中与同龄人相互学习，从而健康快乐地成长。此外，孩子与同龄人相处的过程中，也可以潜移默化地受到同龄人的影响，被同龄人激励着前进。由此可见，良好的人际关系对于孩子的成长和发展起到了积极的作用。

爸妈有话说：

儿子，你已经长大了，不可能永远依偎在爸爸妈妈的身边，享受爸爸妈妈的照顾。你总要走出家门，走入社会，融入同龄人的团体之中，在同龄人的帮助下不断地成长。你要记住，唯有友好地对待他人，你才能够得到他人的友好对待。任何时候，你都要成为受人欢迎的社交达人，这样你就会感受到友谊给你带来的快乐。

尊重，是人际交往的基础

在所有形式的社会交往中，人与人之间的关系都是不固定的。因为很多因素的影响，人与人之间的关系总会有远近亲疏的呈现，是否能够彼此尊重，奠定了人际交往的基础，也是人与人彼此交好的基本条件。男孩在与他人相处的时候，首先要把他人当做自己的朋友，对他人敞开心扉，才能得到他人同样友善的对待。如果男孩不能首先尊重他人，而是对他人很不理解，乃至常常藐视他人，那么男孩与他人之间就无法建立良好的关系，彼此之间想要合作和友好相处，也变得不可实现。

在人际关系中，相互尊重至关重要。根据马斯洛的需求层次理论，满足了吃喝拉撒等基本生理需求之外，人们就开始追求更高层次的精神需要，那就是得到他人的尊重。每个人都是群居动物，这个世界上没有人可以真正离群索居地生活。既然生活从来不是封闭的，我们就要尊重他人，这样才能得到他人的尊重，也才能与他人建立良好的关系。

很多男孩不懂得尊重他人的重要性，很有可能是因为他们在成长的过程中没有得到父母的尊重。从这个角度而言，父母尊重孩子不但是打开孩子心扉的重要方式，也是教会孩子尊重他人的榜样示范。也许男孩小时候是否尊重他人只会影响交友，然而，随着渐渐长大，是否尊重他人，会影响男孩的人生。当孩子走出校园，走入社会，尊重会成为更加不可或缺的人际相处基础条件。不懂得尊重他人的人，在人生的道路上必然寸步难行。

还需要注意的是，在与他人交往的过程中，男孩要做到严于律己，宽以待人。很多人都知道这是人际相处的原则，却不能真正做到。所谓严于律己，就是要对自己严格，对自己提出更高的要求，并且努力做到；所谓宽以待人，就是对待他人要宽容，这样才能表现出自己的宽容大度，同时表现出自己的友好。偏偏有很多男孩把这句话完全颠倒过来，他们对于他人非常严苛，而对于自己则很宽容。因此在人际关系中，他们常常会陷入困境，很难结交更多的朋友。

年轻时，苏东坡和章惇是好朋友。章惇官运亨通，没过多久就成为了宰相，高官厚禄，一人之下，万人之上。后来，苏东坡不慎犯下错误，被发配到岭南，从此颠沛流离，又辗转至海南。适逢天下大赦，苏东坡才得以回家。而正当苏东坡回家的时候，章惇却被流放到岭南一个偏僻的地方，得到这个消息之后，才刚刚安定下来的苏东坡赶紧给章惇去信。在信里，苏东坡安慰章惇一定要安享生活，不要伤心。在信里，苏东坡还问候了章惇的母亲和儿子，让他们一定要积极乐观地战胜眼下的困境。得到好朋友的鼓励，章惇感到非常欣慰。

真正的好朋友，不会在朋友落魄的时候落井下石，而是始终尊重朋友，爱惜朋友，竭尽所能帮助朋友。在错综复杂的官场上，能够得到真心的朋友，才是真正的幸运。由此也可以看出，尊重是友谊的基础，也是友谊大厦的坚实地基。一个人，唯有自尊自爱，才能尊重他人，也才能得到他人的尊重。如果一个人连自己都不能善待，又如何能给予朋友良好的对待呢?

青少年拥有友谊，在朋友的陪伴下健康快乐地成长，这就是人生的大幸运。对于青少年而言，友谊是人生中至关重要的精神养料，朋友更是青少年一生的陪伴。需要注意的是，不要奢求朋友与自己完全相同，因为每个人都是个性鲜明的生命个体，都要保持自己的个性，如此才能在成长的过程中彼此依赖，相互尊重，建立友谊的大厦。

爸妈有话说：

孩子，你已经长大了，需要有朋友的陪伴，因此，你要做到尊重朋友。因为你只有尊重朋友，才能得到朋友的尊重，才能在成长的过程中得到朋友的扶持和帮助。所谓多个朋友多条路，多个敌人多堵墙，朋友一生一起走，是你一生之中都不可多得的财富。记住，路遥知马力，日久见人心，在朋友落难的时候，一定要一如既往地尊重和帮助朋友，如此才能得到朋友最真挚的友谊。

和更优秀的人交朋友

随着年纪的增长，男孩渐渐长大，他们从凭着直觉的喜好交朋友，到开始有目的地选择朋友，因为他们意识到了人脉关系对于人生的重要影响作用，开始有的放矢地打造属于自己的交际圈子。在社会生活中，人脉关系是至关重要的，一个男孩的身边如果都是积极乐观、努力向上的朋友，那么他就会在不知不觉间受到朋友的影响，为了不甘于落后，也会主动努力。相反，一个男孩的身边如果都是沮丧消极、颓废悲观的朋友，那么他就会受到负面的影响，表现出悲观厌世的行为特征和心理状态。当不同的朋友在一起相处的时候，就相当于一个小团体，团体中每个人的精神风貌和行为表现，都会影响整个团体的状态。所以男孩要与更优秀的人交朋友，这样才能融入良好的人际交往圈子，也才能最大限度发挥自身的能量，激发自身的潜能，在人生之中有杰出的成就和表现。

有人说，看一个人的底牌，看他的朋友，看一个人的实力，看他的敌人。这告诉我们，通过朋友，我们可以看出一个人的道德品行，也可以看出这个人是否值得交往。由此可见，朋友不但对于我们起到潜移默化的作用和影响，而且也会在一定程度上代表着我们的交友品位。当然，这里所说的品位，不是说朋友必须有权有势，而是说朋友要具备优秀的品质和良好的品行，这样才能给我们的脸上增光添彩，才可以提升我们交友的层次。

男孩一定要结交一个优秀的朋友，因为优秀的朋友甚至会改变男孩的人生。当男孩与同龄人亲密接触，把很多不愿意对父母说的话都告诉同龄人时，往往可以在与同龄人相处的过程中获得学习的机会，接受更多的信息。从这个意义上说，男孩和更优秀的人交往，实际上是在快速提升自身的能力和水平。古人云，三人行，必有我师，这告诉男孩，在和朋友相处时，要有意识地向朋友请教，努力提升自身的水平，从而把自己变得和朋友一样优秀。此外还需要注意的是，若男孩和朋友保持同样的水平，说不定还可以获得和朋友一样千载难逢的好机会呢！

有些男孩的自尊心很强，他们不愿意和更优秀的人当朋友，是因为他们觉得优秀的朋友会给他们带来压力。的确，如果以高度来衡量人，则优秀的朋友会站在比男孩更高的台阶上，就像奥运会颁奖仪式上的金银铜牌一样，压力显而易见。然而，人无压力轻飘飘，如果男孩因为逃避压力而拒绝优秀的朋友，不得不说，男孩也就没有能力向优秀者靠近和学习，进步自然也就遥不可及。所以要想快速成长，男孩就要主动向更优秀的人靠拢，并且努力与他人成为朋友。这样男孩才能如愿以偿地进步，才能在成长的道路上坚持进步，一直前进。

美国的一个少年杰克有着很远大的梦想，那就是成为百万富翁。然而，杰克只是一个普通的农场少年，他的父母都是农民，经营着一家规模不大的农场，想要成为百万富翁，这个梦想似乎非常遥远。但是杰克没有放弃，他始终怀揣着这个梦想，非常努力。

若干年后，杰克终于有机会来到纽约，他马上按照自己找到的地址去拜访百万富翁。杰克拜访的第一个百万富翁是亨利，看着这个其貌不扬的少年，亨利一开始很不以为然，但是在杰克进行自我介绍之后，亨利得知这个少年从十二岁开始就梦想成为百万富翁，不由得对他刮目相看。要知道，很多人连想都不敢想成为百万富翁啊！为此，亨利耐心地回答了杰克的问题。后来，亨利还推荐杰克去拜访他所认识的其他富豪。虽然这些富豪未必能给杰克有效的指导，但是杰克还是受到了很大的启发。拜访完这些富豪之后，杰克更加坚定思想要成为百万富翁，为此他继续努力。他从小小的学徒工开始做起，到成为工厂主，后来成立了属于自己的公司，不断扩大经营业务和范围。最终，杰克如愿以偿成为了百万富豪。

杰克为什么能够成功呢？如果他始终和父母一样被困于农场之中，

连成为百万富翁的梦都不敢做，等待着他的一定是平庸的人生。然而，杰克很勇敢，自从梦想着成为百万富翁之后，他没有一刻放弃梦想，而是始终怀揣梦想，努力向前。直到有一天，他有机会来到纽约亲自拜访那些百万富翁，他距离自己的梦想越来越近。面对这些比他更优秀的成功者，他没有退缩，而是虚心向他们求教和学习，从而不断地拉近自己与他们之间的距离，直到自己和他们达到同样的高度。

努力去接近那些成功者，向他们求教，向他们取经，这样才能不断地从成功者身上汲取经验和教训，才可以让自己的人生因为得到指引而更加进步。最重要的在于，不要在优秀者面前有太大的压力，而是应该积极地靠近优秀者。也许一开始我们与优秀者之间存在巨大的差距，内心未免惶恐，但是随着交往的不断深入，我们与优秀者之间的差距会越来越小，其中最重要的在于我们要坚持进步。

爸妈有话说：

孩子，天外有天，人外有人，即使你再优秀，也总会有比你更加优秀的人。面对优秀者，不要因为嫉妒而远离他人，也不要因为压力而不敢面对他们的辉煌和成功，而是要努力进取，积极地向优秀者学习，如果能与优秀者成为朋友，则是莫大的幸运。记住，每一个优秀者都不是生而优秀，而是从平庸不断地成长和发展起来的。你只要虚心求教，坚持进取，有朝一日就会达到与优秀者同样的高度和水平，也会变得非常优秀且璀璨夺目。当然，对于优秀者一定要尊重，虚心求教，这样才能得到他们慷慨的指点和帮助。

在朋友伤心的时候陪在他身边

人与人之间患难见真情，在朋友伤心的时候陪伴在朋友身边，远比在朋友得意的时候亲近朋友更加难得。遗憾的是，现实生活中，很多朋友都是能够一起享受荣华富贵，而不能一起享受失意落魄。为此，古人云人生得一知己足矣，实际上，人生能够得到一个真正的朋友也是很难的。朋友之间，一定要做到心意相通，彼此理解，这样才能保证友谊之树常青。

从人际交往的角度而言，理解别人是一种优秀的品质，也是人际相处的一种能力。在人与人之间，如果能够做到相互理解和尊重，能够尽量站在他人的角度上思考问题，则人际关系一定会更加和谐融洽。实际上，所谓理解别人，就是换位思考。一个人唯有拥有宽容的心，并能够与人为善，才能去理解他人，才能拥有真心真意的朋友，收获友谊。理解他人，不但能让我们与他人更好地交往和相处，也可以让我们自身收获幸福。和爱与被爱一样，理解他人，也被他人理解，对于人际关系而言是至关重要的，也有助于提升人们的幸福指数。

父母要告诉孩子真正的友谊是怎样的，不是在成功的时候狐朋狗友围聚在一起，也不是在失败的时候马上就树倒猢狲散，各自奔向前程。而是彼此都能相互理解和体贴，越是在失意落魄的关键时刻越是能够相互依偎，彼此扶持，从而让感情加深，也让人生有希望。当然，孩子小时候主要依靠父母的照顾成长，他们在父母和长辈无微不至的爱与关照之中，总是不知不觉就形成了以自我为中心的思想。这样的孩子在走入社会之后难免会出现任性的情况，也会很骄纵。在培养孩子不断成长的过程中，父母要引导孩子学会换位思考，也要教会孩子能够站在他人的立场上考虑问题。渐渐地，孩子不但会与父母的关系更好，感情更深厚，当他把这样的相处习惯带入与他人的交往之中时，也必然会得到他人的认可和赏识。这对于孩子处理好人际关系是非常重要的。

佳佳最近很郁闷，他和爱乐是好朋友，但是最近爱乐明显疏远了他。以前，爱乐每天放学的时候都等着佳佳一起走，有的时候上学也会等在佳佳家附近的路口，和佳佳一起上学。面对爱乐突然表现出来的冷漠，佳佳根本无法适应，他想不明白自己哪里得罪了爱乐，但是看着爱乐总是一个人独来独往，他也不想问爱乐原因。

直到半个学期后，爱乐突然转学，佳佳才知道爱乐的爸爸妈妈离婚了，所以他要跟着妈妈一起去姥姥家里生活。这个时候，佳佳才明白爱乐为何前段时间一直都郁郁寡欢，对他也没有那么热情，原来他正在经历父母闹离婚啊。佳佳很后悔，但是为时已晚，爱乐已经转学走了，去到很远的地方，以后他们甚至都没有机会再见面。

在发现爱乐情绪失落，行为落寞之后，如果佳佳能够主动询问爱乐为何不高兴，爱乐也许会告诉佳佳真实的情况。但是佳佳只从自身的角度出发思考问题，而丝毫没有想到爱乐的行为表现也许只是因为家里出现异常，为此，佳佳对爱乐有了很深的误解。误解一旦产生，没有积极的沟通根本无法消除。所以男孩在与伙伴相处的过程中，一定要更好地理解小伙伴，也要设身处地为小伙伴着想。尊重和相互理解，是人与人相处的基础，男孩在与小伙伴相处的过程中，也要尊重和理解小伙伴，这样才能得到小伙伴同样的对待。

心理学家指出，孩子在成长过程中心理发展要经过几个阶段，首先孩子们会很依赖父母，随后孩子在进入学龄阶段后会很崇拜老师，等到进入青春期，孩子更喜欢和同龄人相处，渴望得到同龄人的认可。由此可见，和同龄人相处得如何，会极大影响孩子的身心发育。作为父母，我们要有的放矢地引导孩子学会理解朋友，也要告诉孩子，越是在朋友身处困境的时候，越是要坚定不移地守候在朋友身边。所谓路遥知马力，日久见人心，患难才能见真情，朋友之间，一定要雪中送炭，这比锦上添花好得多。

爸妈有话说：

孩子，你长大了，会有更多的朋友。在与朋友相处的时候，不要在朋友得意时与朋友亲近，而在朋友失意时与朋友疏远，而是应该在朋友得意时不远不近，而在朋友失意时更加亲近朋友，给予朋友理解和支持，这样你与朋友之间的情谊才会加深，你也才能得到真正的朋友。

融入集体生活之中

常言道，一根筷子被折断，十根筷子抱成团。这句话以形象的表达方式告诉我们，每个人唯有融入集体之中，才能获得更加强大的力量。的确如此，尤其是现代社会，分工越来越细致，合作也成为必然的选择，所谓术业有专攻，每个人在自己的专业领域内也许很强悍，但是，一旦要想完成艰巨的任务，就需要与他人在一起密切合作，如此才能发挥各自的优势和长处，形成最强的合力。只靠着单打独斗，主张个人英雄主义，是无法得到很好的发展的。

所谓集体，就是很多人的整体集合，在集体中，尽管有很多人，但是大家有一致的思想观念和共同的目标。在社会生活中，集体的组合非常常见，小到一个家庭，大到各种大规模的集体，人与人之间在集体的范围内相互支持和鼓励，大家都拼尽全力，为了实现共同的目标而奋斗。早在远古时期，人类的祖先要想在无情而又残酷的大自然里生存下来，就需要相互配合，彼此依靠，这样才能战胜困难。随着人类的不断成长和发展，人类的力量越来越强大，但是人们也有了更高的目标，所以依然需要每个人都齐心协力，才能建设家园，保卫地球。尽管在自然界里人被称为万物的灵长，但是个人的力量是很有限的。一个人，无法战胜自然界，更无法实现伟大的志向。因此父母一定要帮助孩子形成集体观念，这样孩子才能融入集体之中，并在与同伴相处的过程中学习和成长。

曾经，释迦牟尼问他的弟子们："如何才能把一滴水保存下来呢"？弟子们苦思冥想，始终没有正确的回答，最终，释迦牟尼告诉弟子们："把一滴水融入江河湖海，它就不会干涸。"的确，一滴水的力量太小了，当它单独存在时，马上就会渗入泥土之中，或是被风吹散，只有融入江河湖海之中，与无数滴水在一起，它才能形成规模，保存下来。和集体相比，一个人也就像是一滴水，力量是很渺小的，在整个宇宙间转瞬即逝，唯有融入人类的集体之中，才能更好地生存。

前段时间，吴京执导的《战狼2》获得了极高的票房，影片里有撤侨的情节。在历史上大规模的撤侨行动中，那些在异国他乡打拼，突然遇到战火袭击的侨民，在看到国旗飘扬的那一刻，在重新踏上祖国土地的那一刻，内心是激动不安的，有的人甚至会扑倒在土地上，亲吻祖国。如今，随着时代的发展，经济的进步，国门的打开，很多人都会走出国门，去国外发展。然而，不管何时，身后都有一个强大的祖国，有祖国的不离不弃，就是最大的幸运。

在大草原上，曾经出现过一个让无数人都感到震撼的情形。草原上突然燃烧起熊熊烈火，在火圈的中间，有很多蚂蚁被烈火包围，随着火势的蔓延，蚂蚁的生存空间越来越小。看起来，蚂蚁似乎只能葬身火海，但是，在死亡的威胁面前，它们想出了一个办法。只见很多蚂蚁迅速聚拢起来，成为一个大圆球，然后，它们以圆球的样子滚向火海之中。随着外层的蚂蚁被噼里啪啦地烧死，里面的蚂蚁成功地转移到了火海之外，获得了生机。这就是集体的力量，如果没有团队精神和合作意识，蚂蚁只能全都葬身火海。当然，在集体之中，牺牲精神也是必不可少的，总有人要主动付出，整个团队才能获益。

如今，有些父母害怕孩子吃亏，因此在教育孩子的过程中，总是强调孩子要眼疾手快赚便宜，而不会引导孩子形成集体意识。这样一来，孩子看似赚了便宜，实际上却会在成长过程中陷入被动的状态。常言道，吃亏是福，其实是有道理的。在集体之中，如果一个人总是赚便宜，根本无法在集体之中树立威信。日久天长，他在集体之中就会失去威信，进而陷入被动的状态。

爸妈有话说：

孩子，在集体生活中，一定要学会融入和包容，唯有如此，才能真正与集体中的成员团结协作。集体，就是每个个体的精神源泉，唯有真正地扎根集体，你才能在集体中站稳脚跟，才能在成长的道路上不断前进，砥砺前行。

学会为他人考虑

在成长的过程中，孩子的人际交往范围不断地扩大，他们会接触更多的人，经历更多的事情，因此，随着不断成长，对于孩子而言，人际关系会变得越来越复杂。要想成为一个真正受人欢迎的人，男孩就要学会为他人着想，站在他人的立场上考虑问题，并做到尊重和宽容他人。通常情况下，男孩是比较粗心的，他们的心不像女孩那么细，也常常会忽略很多细节问题。既然如此，父母就要引导男孩学会认真细致地思考，从而在处理很多问题的时候，才能面面俱到，真正解决问题。

学会为他人考虑，是人际相处中难得的品质。对于孩子而言，从小就努力养成站在他人立场上思考问题的好习惯，有助于拓展人脉关系，并经营和维护好人脉关系。尤其是在同龄人的团体中，孩子们年纪相仿，心智发育都不够成熟，人生经验都很匮乏，因此他们在相处过程中更容易发生矛盾和摩擦。如果孩子能够主动替他人考虑，站在他人的立场上思考问题，理解和宽容他人，就能大大降低矛盾发生的概率。

从心理学的角度而言，为他人考虑，就是心理位置互换。如今，有太多的人只顾着从自身的角度出发考虑问题，非常自私和任性，导致人际关系恶劣。大名鼎鼎的汽车大王福特深切意识到为他人考虑问题的重要性，曾经说过，成功如果有捷径，那就是要为他人考虑，满足他人的需求。遗憾的是，现在有太多的孩子都习惯于接受父母无微不至的照顾，不知不觉间就把父母当成超人，而丝毫没有意识到要回报给父母。由此可以想到，他们在与其他人相处时，更不会为其他人着想。为此，父母要想培养孩子为其他人着想的品质，就要在孩子还小时就引导孩子更多地为父母着想，孩子只有形成为他人着想的意识，才能在成长的过程中更好地对待他人，并有的放矢地站在他人的角度上思考问题。

此外，在教养孩子的过程中，父母还要避免进入一个误区。很多父母总是把自以为好的都给孩子，殊不知，父母认为好的，未必是孩子真正需要的。因此，父母要多多征求孩子的意见，做到真正尊重孩子，这样才能给孩子树立好榜样。否则，许多自以为对他人好的行为，很容易在人与人之间引起误解。尊重他人真正的喜好，满足他人的需求，这才是最重要的。

现实生活中，没有人可以独立地活着，人与人之间是相互合作的关系，必须彼此配合，并相互扶持，才能更好地生存。因此在现代社会，能够主动为他人着想，是非常难得品质，也是孩子将来融入集体，与他人形成友谊的关键所在。

在班级里，乐乐是很受人欢迎的，这是因为乐乐很善丁为他人着想。有一次中午吃饭的时候，乐乐负责为其他同学打饭。看到饭量大的男生，乐乐总是问他们需要吃多少，够不够，而遇到饭量小的女生，乐乐又会问她们更喜欢吃什么。这样一来，每到乐乐值日的日子，班级里的男生都能吃饱，女生都能吃好，大家都很满意，对于乐乐的评价也都很高。

乐乐是如何做到受人欢迎的呢？这是因为他总是站在他人的角度考

虑问题，在与同学们相处的过程中，也能洞察同学们的内心，了解同学们的真实需要，所以才能有的放矢地满足同学们的需求。也许有的父母会说，孩子如何能够知道他人的需求呢？这就要求孩子更加认真细致，并学会设身处地为他人着想。要想了解他人的内心状态，满足他人的需求，不要寄希望于他人主动剖白，而应自己多多关注他人的行为表现，并洞察他人的内心状态，这样才能更加有效地满足他人的需求。

当然，还需要注意的是，孩子尽管应该洞察他人的内心，了解他人的需求，却不能当对他人有求必应的老好人。毕竟每个人的能力都是有限的，一个人不可能是全能的，更不可能全方位满足他人的需求。孩子在帮助他人，满足他人需求的时候，要根据自身能力做出抉择，从自身的情况出发。记住，孩子要乐于助人，但是也不能因为帮助别人而给自己造成太大的困扰，要在力所能及的情况下满足他人的需求，这样才能把事情做得更好。

爸妈有话说：

孩子，每个人在生活的过程中都会遇到很多困难，人与人之间一定要相互帮助，才能彼此扶持着更好地生存。爱心是不断流淌的，今天你帮助他人，明天他人就会帮助你。种下爱的种子，才会收获爱。当然，你怎么对待他人，他人也会怎么对待你，所以要与人为善，与己为善。

学会对他人敞开心扉

现代社会人际关系非常复杂，社会上的各种游手好闲也很多，因此很多父母都会要求孩子具备一定的自我保护能力，且不允许孩子随随便便对别人说起关于隐私的信息。在父母的耳提面命之下，孩子难免会变得很紧张，也不知道如何面对身边的人。其实，这个社会上既有坏人，也有好人，孩子既不能把所有人都当成坏人，也不能把所有人都当成好人，唯有理性看待他人，学会辨识好人和坏人，孩子才能有所区分地对待他人，从而避免善待了坏人或者冷落了好人。

举世闻名的大文豪托尔斯泰曾经说过，敞开心扉与人交流，比长年累月地闭门劳作更能够开启人的心智，在心与心的沟通与灵魂的碰撞之中，才能产生高尚的思想。从托尔斯泰的这句话来看，他把人际沟通看得特别重要。从人际关系的角度而言，沟通是人与人之间交往的桥梁，是人心与心相互融通的唯一方式。陌生人之间之所以能够相互理解，加深感情，正是通过良好的沟通来实现的。为此，孩子们与人相处时，一定要敞开心扉与人交流，这样才能得到他人的友好对待。

孩子正处于成长的关键阶段，他们与人相处的主要方式，就是与他人之间进行心与心的交流。在交流的过程中，孩子们彼此学习，沟通信息，这是孩子成长和进步的主要方式之一。孩子如果在小时候能够从容地融入同龄人的群体，也可以打开心扉表达自己的真实想法，那么他们的性格会越来越开朗，他们也会因为得到同龄人的认可而更加充满信心。有些孩子警惕心理很强，他们只喜欢与特定的人相处，这样的孩子社交方面会面临很大的障碍，因为他们不知道如何拓展自己的人脉关系，也常常在人际交往中处于困境。

还有些孩子因为缺乏与人有效沟通的经验，在遇到看似无法解决的难题时，他们往往会选择以武力解决问题，对着他人大打出手。不得不说，这样的孩子即使在长大成人之后，也不懂得人际相处之道，更会因为人生中的困惑而时常与人发生矛盾，这显然是很糟糕的。有的时候，即使面对好朋友，也会因为沟通不畅而与好朋友发生口角，导致友谊的小船说翻就翻了。不管是对于孩子而言，还是对于成人来说，有效的沟通都是至关重要的。细心的人会发现，生活中的所有细节都离不开沟通，有效的沟通是人际相处的润滑剂，也是人与人之间的相处之道。

年幼的孩子通常会主动对他人敞开心扉，然而，随着渐渐成长，进入青春期之后，他们的内心越来越敏感，如果和父母沟通不顺畅，他们就会对父母关闭心扉。在青春期，孩子会明显表现出疏远父母而亲近同龄人的特点，所以有知心的好朋友，对于青少年的成长至关重要。有一些不想对父母说的话，男孩可以选择告诉好朋友。

当然，同为青少年，好朋友的心智发育阶段和男孩基本相同。因此在遇到难题的时候，青少年还是要主动向父母求助。为了避免男孩总是关闭心扉，父母要引导男孩正确对待身边的人，不要因为警惕心理过强失去了交朋友的机会。所谓凡事皆有度，过犹不及，不管是防范他人，还是对他人敞开心扉，都要坚持适度的原则，否则一旦过度，就会起到事与愿违的效果，也无法对孩子的成长起到积极的作用。

具体而言，对他人敞开心扉，要做到以下几点：首先，男孩要充分了解人际关系的特点，从而才能有的放矢地发展人际关系。在人际关系之中，既不要以自己的标准去要求别人，也不要擅自要求别人改变为人处世的方式，所谓尊重他人，就是可以接纳他人本来的样子，而不是试图改变他人。其次，要努力提升和完善自己，让自己变得更有礼貌，并增强自身的能力。再次，男孩要有一颗宽容豁达的心，毕竟每个人都是独立的生命个体，都是与众不同的，在做人做事的过程中也有自己的出发点，因而不要试图随随便便改变他人，而是要尊重他人，给予他人最好的接纳。最后，还要掌握人际相处的技巧。有技巧的人与人相处，如鱼得水，能够很轻松地处理好人际关系；而没有技巧的人与人相处，也许不知不觉间就会说错某一句话，导致他人勃然大怒，而自己却丝毫不知。

当然，没有一个男孩生来就能掌握人际相处的技巧和能力，在后天成长的过程中，他们要不断地进步和努力，才能做到更好。作为父母，也要有意识地培养男孩与人相处的能力，教会男孩如何处理好人际关系，让男孩在人际关系中如鱼得水，游刃有余。

爸妈有话说：

孩子，虽然这个社会有险恶的人，但更多的是好人，也有温暖和爱。在与人交往的时候，既要小心保护好自己，也要对他人敞开心扉，这样才能与他人建立良好的关系，也为你的未来铺垫好道路。在这个世界上，人都是群居动物，没有人能够完全摆脱对他人的依赖而独立存活。学会与他人相处与合作，你才能借力于他人，从而经营好属于自己的人生。

第03章

自信更自立，勇敢有毅力

父母即使再爱孩子，也不可能代替孩子度过人生。明智的父母在培养孩子的过程中，会着重培养孩子自信的品质，让孩子更加勇敢坚毅，做到独立面对人生，成为真正的人生强者。人生的道路是漫长的，没有人能够一蹴而就获得成功，更没有人可以在成长的道路上偷懒。唯有不忘初心，砥砺前行，人生才能勇往直前，收获满满。

有勇有谋，才能成功

在这个世界上，最饱经苦难的民族就是犹太民族，他们总是受到迫害，生活颠沛流离，为此，犹太人对于作为身外之物的房子、金钱等都看得很轻，而更加重视智慧。他们认为，智慧可以与人相依相伴，而且能够提升人生的质量。为此，犹太人很注重培养孩子的智慧，很多犹太人的孩子小小年纪就表现出聪慧的潜质。可以说，犹太人对于智慧的理解比世界上的其他民族更加深刻。作为父母，我们也要向犹太人学习，努力将孩子培养成有勇有谋，智勇双全的人才，如此，孩子才能获得成功。当然，仅仅有智慧也是不够的，因为把美好的想法变成现实，还需要切实的行动。因此孩子必须智勇双全且具备相当的行动力，才能勇敢地走向成功。

对于孩子来说，成长的道路是漫长的，要想在人生中有所成就，他们就必须非常努力，在学习上出类拔萃，如此才能在人生中有更好的发展和前途。如果孩子总是在困境中成长，看不到人生的希望和光芒，也不会有进步的。

要想让孩子有勇有谋，父母就要做孩子的好榜样，所谓言传大于身教，父母的示范作用对于孩子而言至关重要。因为孩子和父母生活在一起，总是会在潜移默化中受到父母的影响。孩子在成长过程中会遇到各种各样的难题，他们之中有的人知难而退，无法勇敢无畏地进步，有的人迎难而上，总是能够想方设法战胜困难。其实，心理学家经过研究证实，大多数人的先天条件相差无几，之所以有的人总是与失败纠缠，有的人却能够获得成功，就是因为成功者有坚韧不拔的顽强毅力，而失败者总是一蹶不振，遇到小小的困难就会放弃，最终不但避免了失败，就连成功的机会也彻底失去了。

在日常生活中，父母面对各种艰难的境遇时，要以身作则，为孩子树立积极的榜样。当然，不要一味地强迫孩子，而是要激发出孩子内心的勇气，如此才能让孩子从内心深处爆发出勇气，从而勇往直前，坚定执着。记住，没有人天生就是强者，也没有人能够随随便便获得成功。尤其是男孩，必须知道成功得来不易，才能在成长的过程中砥砺前行。在此过程中，父母要培养孩子的自信心。古今中外，无数伟大的人之所以能够取得成功，不仅因为他们有杰出的才能，也因为他们能够抓住各种机会展示自身的实力，拥有充足的信心。记住，这个世界上从没有免费的午餐，也没有一蹴而就的成功。每个人唯有在成功的道路上坚定不移地往前，才能有效地成就自我，才能活出独属于自己的精彩与充实。

自信心，对于孩子而言至关重要。如果说人生有奇迹，那么奇迹不但是由爱创造出来的，也是由信心创造出来的。当孩子拥有信心，并且能够一往无前地努力奔向成功时，那么他就可以抓住千载难逢的好机会，也可以在信心的驱使下主动创造机会，缔造成功。

很久以前，有两个人在旅行途中长途跋涉，到最后吃光了所有的食物，喝光了所有的水，他们感到饥肠辘辘，筋疲力尽。他们一直在坚持往前走，好不容易才来到一处院落。院子里空无一人，但是在院子中的大树上，悬挂着一篮新鲜诱人的水果。

一个人看到这篮水果，说："这些水果看起来非常新鲜，一定有充足的水分，也一定非常甘甜，可惜我够不到，只能远远地看着。"另一个人看着水果，也很想吃，因此他暗暗想道："这一篮子水果肯定是有人挂上去的。既然他有办法挂上去，我当然有办法取下来。"这么想着，他开始在院子里四处寻找，果然找到了一张桌子和一个高高的板凳。他踩着桌子再搭上板凳，轻轻松松就把水果拿了下来，吃了个肚饱溜圆。

常言道，世上无难事，只要肯攀登。人生的过程中，每个人都会面临各种各样的难题，如果因为畏惧难题就主动放弃，那么不但失去了失败的机会，也会彻底与成功绝缘。因此，父母一定要将孩子培养得更加坚强有毅力，这样孩子才能在成长的道路上不断进步，才能踩着失败的阶梯坚持进取。

父母一定要为孩子树立积极的榜样，如果父母遇到小小的困难就退缩，那么孩子也会变得缩手缩脚，根本无法取得进步。父母对于孩子的言传身教的作用是非常强大的，因而父母在孩子面前要慎重表现，也要努力彰显出自信和勇敢的力量。

爸妈有话说：

孩子，很多时候，人不是被真正的困难打倒，而是被内心的恐惧打倒。只要心中充满勇气，即使面对再大的难题，人们也能做到勇往直前，绝不退缩。孩子，爸爸妈妈不要求你一定获得众人瞩目的成功，但是你要在成长的过程中变得勇敢坚毅，这样才能在人生之中兵来将挡，水来土掩，做到从容应对人生。

学会拒绝他人，才能保护自己

社会生活中，有很多成人都是不折不扣的老好人，他们不知道如何拒绝他人，因此在面对他人的请求时，总是照单全收。不得不说，这样的老好人常常使自己犯难，也未必能给他人留下好印象，因为有的时候他们勉为其难地答应了他人的请求却没有做到，以致招致他人的反感。其实，不管是对成人而言，还是对孩子而言，既应该对自己有客观中肯的认识，知道自己的力量所及，也要学会拒绝他人，而不要等到无法兑现承诺时再得罪他人。唯有果断处理好他人的请求，做到乐于助人，也做到果断拒绝他人，才能保护自己，并经营好人际关系。

犹太大名鼎鼎的教育家弥赛亚曾经说过，父母在教育孩子的时候，一定要告诉孩子哪些事情可以帮助别人做，哪些事情如果超出自身的能力范围就要及时拒绝，因为这些事情处于不能做的范围之内，这一点是非常重要的。然而，大多数孩子从小就被灌输乐于助人的思想，尤其是男孩，更是男子汉气概爆棚，因而往往会不自量力地答应他人的请求。这样一来，反而使得自己陷入被动的境地，最终因为无法满足他人的愿望而得罪他人，可谓鸡飞蛋打，是绝对的输家。实际上，聪明的犹太民族认为，一个人如果缺乏自信，不能自立，就往往会在面对他人的请求时表现出唯唯诺诺的性格特点，不懂得拒绝他人。

很多男孩都不善于拒绝他人，因为他们觉得一旦拒绝他人，就会激发他人心中的怒气，也意味着自己在将他人拒之门外。这样一来，也许将来他人也会拒绝男孩，这会让男孩感到非常沮丧，并产生深深的挫败感。从心理学的角度而言，这样的男孩非常在乎别人对他的看法，总是活在别人的眼睛里、嘴巴里，别人对他的看法往往会影响他在很多方面的表现，甚至动摇他的决策。不得不说，这样的男孩是没有独立性的，而且缺乏自信心。他们在人群之中总是想要改变自己迎合每个人，却常常因此而更加遭到人群的漠视和忽视，导致他们的内心感受到深深的沮丧和绝望。而真正自信自立的人，他们不在乎别人说什么，也不在别人做什么，而是坚定不移地做最好的自己。他们坚信，他们所表现出来的样子就是自己最真实的样子，也坚信现在就是最好的自己。他们从不活在他人的眼光里，而是笃定地做自己，呈现自己最本真的模样。这样的人，一定内心从容，坦坦荡荡。

乐乐是个乐于助人的好孩子，常常为他人着想，不过乐乐也有一个缺点，那就是他不懂得拒绝别人。只要是他力所能及的事情，甚至是超出他能力范围的事情，如果有人请求他帮忙，他也不会拒绝，而是硬着头皮勉为其难地答应。

期中考试时，同桌生怕自己考试成绩不好被父母批评，为此请求乐乐帮助他。乐乐当然知道帮助别人作弊是错误的行为，但是看着同桌恳切的眼神，他感到无法拒绝。到了考试的时候，同桌不停地向乐乐求助，结果乐乐提心吊胆地帮助同桌，导致无法专心致志地完成试卷，更没有时间检查试卷。最终，他的考试成绩一落千丈，还被老师根据试卷上相同的错误发现了他和同桌作弊的事实，狠狠地批评了他一通。

因为不懂得拒绝同桌的非分请求，乐乐陷入了被动的境遇中，不但考试成绩不好，还被老师狠狠地批评，不得不说，这是得不偿失的行为，也让乐乐承受了惨重的损失。犹太族的父母常常警告孩子，拒绝别人的不情之请就相当于保护自己。为此，犹太父母很注重培养孩子拒绝的能力，也在此过程中让孩子变得越来越独立自信。

很多孩子因为不好意思而不能说“不”，也有的孩子因为抹不开面子拒绝他人而蒙受惨重的损失。殊不知，在人际交往的过程中，能够坦然地说不，对于孩子而言是一种能力，也是一种自我保护的必备素质。

不懂得拒绝的孩子往往没有坚定不移的想法，他们总是因为别人随随便便的评价而陷入困境，也总是为此而变得被动。尤其是对于青春期的男孩而言，他们很容易在集体中从众，这是因为他们渴望得到团队成员的认可，也希望在团队生活中证明自己的能力。然而，如果因为不懂得拒绝损害了自己的利益，导致自己陷入被动的境遇，就算得到了他人的认可，又有什么用处呢？明智的孩子不会总是人云亦云，而是以拒绝的方式保护自己，也以拒绝的方式表现出自己的独立性和信心。作为父母，一定不要要求孩子对于他人总是有求必应，而是要引导孩子学会拒绝，并掌握拒绝的方式和技巧。

爸妈有话说：

亲爱的儿子，你渐渐长大，能力越来越强，更加深入地与人交往，融入社会生活。你固然要乐于助人，竭尽所能地帮助他人，但也要学会保护自己，在自己的能力达不到的情况下，千万不要勉为其难地答应别人的请求。否则，你就会陷入被动之中，也会因此而深深地伤害自己。记住，合理拒绝他人是一种能力。

有毅力的孩子才能掌控人生

人生中，有太多时候都是山穷水尽疑无路，柳暗花明又一村。这也就意味着成功从来不是一蹴而就的，世上更没有天上掉馅饼的好事情，每个人都必须努力付出，证明自己的实力，才能得到生命的馈赠。因此，在成长的道路上，孩子一定要有毅力，才能坚持不懈勇往直前，也才能在成功的道路上执着前行，绝不放弃。

缺乏毅力的孩子，一旦遇到小小的困难就会想要放弃，因此他们尽管不会失败，却也彻底失去了成功的机会。而有毅力的孩子总是越挫越勇，他们不惧怕生命中遭受的坎坷挫折和磨难，始终勇往直前，绝不轻易放弃。为了让孩子在人生的道路上勇往直前，充满力量，父母一定要告诉孩子要有毅力，也要引导孩子真正成为人生的主宰，在人生的舞台上尽情展示和表现自己。

1952年，大名鼎鼎的游泳健将查德威克准备从卡得林那岛屿下水，游向加利福尼亚海滩。这个时候，查德威克已经举世闻名，因为她在两年前就已经成功地横渡英吉利海峡，从此名震世界。

到了计划的日子，查德威克从卡得林那岛屿出发，然而，那天的天气很糟糕，雾气弥漫，而且天气很寒冷。查德威克游了十六个小时，但是始终没有看到岸边。她的视线被浓重的雾气遮挡住，这使她觉得目的地遥不可及。为此，她要求上船，不愿意继续往前游。然而，船上的人告诉她，只要再游一英里，就可以到达目的地的海滩。然而，查德威克实在太累了，她看着弥漫的雾气，还以为其他人是在骗她呢！为此，她坚持要求上船。到了船上，她瑟瑟发抖地裹着毛巾，还没有喝完一杯热水，就发现海岸就近在咫尺。查德威克懊悔不已，因为她哪怕再坚持一会儿，就能看到岸边，也就能够完成这次挑战。两个月后，查德威克再次重复此前的行程，这一次她以极大的毅力坚持着，最终成功创造世界纪录，也到达了岸边。

短短两个月的时间里，查德威克的两次挑战却是截然不同的结果。第一次她之所以失败，是因为缺乏毅力，第二次她之所以获得成功，是因为拥有毅力。对于每一个孩子而言，在成长的过程中一定会遇到各种各样的困难境遇，如果没有毅力，轻易就放弃，则一定无法坚持获得成功。只有不断地坚持下去，在人生的道路上一往无前地努力，才能看到希望的曙光。

人们常说，世界上的事情最怕认真二字，这是因为，一个人如果有认真的品质，就可以全力以赴奔向成功。这里所说的认真，其实是坚持不懈的努力，也是坚韧不拔的毅力。作为父母，在教育孩子的时候，一定要培养孩子顽强不屈的品质，也要激发孩子所有的潜能。有些父母觉得孩子还小，就对孩子是否有毅力不以为然，殊不知，毅力是从小形成的优秀品质，不是与生俱来的，而是要循序渐进地在孩子成长的过程中培养起来的。父母可以抓住生活中的很多小事锻炼孩子的毅力，有的时候，哪怕是不起眼的小事，要想长期坚持下去也是很难的。

现代社会，很多孩子都在父母无微不至的照顾下成长，丝毫感受不到生活的艰难。其实，在战胜困难的过程中，孩子更容易形成毅力，并逐渐拥有坚韧不拔的意志力。当然，每个孩子都处于不同的年龄段，有不同的身心发展特点。为此，父母可以根据孩子的身心发展特点，为孩子制订具体的计划，有的放矢地培养孩子的毅力。需要注意的是，父母要想培养孩子的毅力，本身就要有毅力，因为毅力相当于聚沙成塔，父母必须以毅力对待孩子，坚持培养孩子，才能让孩子更加勇往直前，无所畏惧。

爸妈有话说：

孩子，当遇到困难的时候，千万不要退缩，正如人们常说的，困难像弹簧，你强它就弱，你弱它就强。所以越是面对困难，我们越是要鼓起信心和勇气，以顽强的毅力与困难博弈。唯有如此，才能以不屈服的精神战胜困难，才能有的放矢、勇往直前地在人生的路上坚持进取。

做一个独立的行动派

即使再好的想法，如果始终停留在空想阶段，那也是毫无意义的。很多孩子设想人生，总是躺在床上用思想去想，而从来不会将好的想法付诸于行动。实际上，一切好的想法都要付诸行动，变成现实，才会对人生起到积极的推动作用和影响。为此父母要告诉孩子，要努力成为一个独立的行动派，而不要总是把独立的愿望挂在嘴边，却从来不付诸行动。

在中国的家庭里，因为前些年独生子女政策的推行，所以大多数家庭都只有一个孩子。为此，父母和长辈总是把所有的爱与关注都投入到孩子身上，也总是全方位无微不至地呵护孩子。殊不知，若孩子在蜜罐中长大，从来不为生活烦忧，他们就无法理解生活的艰难，而始终扮演着浪漫主义的角色。为此，他们距离行动派很远，只会嘴巴上抱怨父母对他们的管教过于严格，从来不给他们机会去尝试。在这种环境中成长的孩子，一定距离行动很远。作为父母，在教养孩子的过程中，要有意识地培养孩子独立行动的能力。只要父母可以与时俱进，根据孩子的能力发展为孩子安排事情，那么随着锻炼的次数越来越多，孩子的能力也会逐渐增强。也许孩子一开始什么事情都做不好，但是只要他们用心锻炼，努力进取，渐渐地，他们会把事情做得越来越好。由此可见，把孩子变成行动派的关键在于父母，只要父母能够更加鼓励孩子，并给予孩子机会切实展开行动，就可以激发孩子的潜能，让孩子不断地成长，各方面的能力也都得以提升。

凯凯是家里的独生子，从小就被爸爸妈妈照顾得无微不至。由于凯凯的爸爸妈妈也是独生子女，为此，凯凯还得到了爷爷奶奶、姥姥姥爷无微不至的照顾。正是在这样的成长环境中，凯凯养成了衣来伸手、饭来张口的坏习惯，他在家里几乎什么都不做，也什么都不用他做。

眼看着凯凯已经十二岁了，却依旧凡事都要父母安排。正巧学校里提出要让孩子“自己的事情自己做”，凯凯也响应号召，要成为独立自主的男子汉。然而，凯凯的豪言壮语喊得很响亮，但是当天晚上写完作业，凯凯又喊妈妈帮助他收拾书包。妈妈对凯凯说：“凯凯，你不是要自己的事情自己做吗？就要从收拾书包开始做起。”凯凯对此不以为然，说：“收拾书包是小事情，不需要我自己做吧？”看着凯凯推掩的样子，妈妈很无奈：“你这样只喊口号，却不付诸行动，是无法独立的。真正的独立，是要凡事亲力亲为。”在妈妈的坚持下，凯凯才亲自收拾书包。次日，上学的时候，奶奶提出要帮助凯凯背书包到校门口，凯凯想起妈妈说的话，当即拒绝奶奶的要求，说："奶奶，我都已经六年级了，可以自己背书包。从现在开始，我要自己的事情自己做。"

很多孩子之所以依赖心理很强，就是因为他们在日常生活中始终得到父母无微不至的照顾，为此根本没有能力真正独立。作为父母，要循序渐进地培养孩子的独立能力，也要在孩子力所能及的情况下，引导孩子坚持独立做事情。孩子的能力不断地增长和提升，正是在坚持实践的过程中实现的。父母要引导男孩独立，也要给男孩机会去做自己的事情，这样男孩才会越来越强大。

在孩子成长的过程中，独立是必须经历的阶段，而且是要从理论到实际的。很多时候，父母不妨"懒惰"一些，不要什么事情都帮助男孩做完，这样男孩自然英雄无用武之地。此外，如果没有机会，父母还要创造机会帮助男孩提升自身的能力，给男孩亲自实践的可能。总而言之，孩子的成长不是一蹴而就的，每一个父母都要引导孩子，帮助孩子渐渐摆脱父母的照顾，真正独立地面对生活。

为了提升孩子的独立性，在家庭生活中，父母还可以让孩子真正承担起家庭生活的角色，让孩子有更强烈的参与感。例如，当家庭里有重要的事情需要决策时，父母可以引导孩子参与决策，让孩子发表意见和看法。如果孩子的意见有可行性，父母也可以酌情采纳，这样孩子才能产生主人翁的意识。未来家庭里再有重要的事情需要面对时，孩子才会积极参与，才能真正以小主人自居。总而言之，孩子再小，也是家庭生活的一员。尤其是对于男孩而言，未来他们要承担起很重要的责任，为此父母更要有的放矢地提升男孩的责任心，让男孩习惯于在家庭生活中有更出色的表现。这样一来，孩子长大成人之后才会更加独立自强，成为真正的人生强者。

爸妈有话说：

孩子，你已经长大了，总有一天需要独立面对生活，独自支撑起人生。所以爸爸妈妈会有的放矢地对你放手，让你做力所能及的事情，你也要记住，独立不仅是一个口号，而是要真正付诸行动，才会收到更好的效果，你才能真正走向独立。

尽量少给别人添麻烦

生活中，如果一个人总是习惯于向他人求助，渐渐地，他独立生活的能力就会越来越差，而在不知不觉之间对他人形成依赖性，且总是给别人添麻烦而不自知。尤其是男孩，正处于人生中成长的关键时期，染之黄则黄，染之苍则苍，因而父母更要提醒男孩一定要独立自主，并有意识地培养男孩独立处理很多事情和问题的能力，这样男孩才会成为真正的男子汉，才能在成长过程中更加积极主动地面对人生。

少给别人添麻烦，这是做人的原则和底线。每个人都有自己的人生需要经营，一个人如果把自己人生的希望都寄托在他人身上，无疑是非常糟糕的。通常情况下，总是给别人添麻烦的人，都是自私的人，他们只重视自己的感受，而对于他人的感受完全不放在心上。他们根据自己的需求肆无忌惮地求助于他人，而丝毫不曾意识到已经给他人留下了恶劣的印象。为此，如果男孩总是麻烦别人，渐渐地就会失去好人缘，根本无法得到他人的认可和尊重。此外，遵守社会公德，也是不给别人添麻烦的表现。很多人在公共场合里大声喧哗、随意抽烟吐痰，招来他人厌恶和嫌弃的目光，却毫不自觉。

人要独立自强，就要避免给别人添麻烦，唯有如此，才能以实力证明自己，以自强的精神彰显自己的人生态度。不到万不得已，最好不要轻易求助于他人，因为每个人都有自己的生活，突如其来的外来事件一定会打乱他人的生活节奏，导致他人陷入忙乱之中。当然，要想让孩子发自内心意识到不给别人添麻烦有多么重要，父母就要引导孩子学会设身处地为他人着想。例如，总有些孩子在给别人添麻烦的同时毫不自知，而觉得别人帮助他是理所当然的，也是举手之劳。这样的孩子不但没有恪守不给别人添麻烦的训诫，而且还不知道感恩，明明得到了别人的恩惠，却不愿意承认别人的恩情，显然他们是不会受人欢迎的。设身处地为他人着想，理解他人的苦衷，才能避免随便求助于他人，在被他人拒绝的时候也才不会怨恨他人，否则人际关系就会变得很恶劣。

下午第二节课是美术课，因为忘记带马克笔，凯凯特意向坐在前排的好朋友品轩借用马克笔。然而，品轩自己也要用马克笔，为此他只答应借给凯凯几种不常用的颜色，而其他颜色要留着自己用。凯凯很生气，暗暗想道：品轩真小气，我不就是借用一下么，又不是不还给他了。为此，凯凯没有用品轩的马克笔，后来也渐渐地和品轩疏远了关系。

没过多久，就是凯凯的生日。凯凯邀请了好几个同学来家里做客，唯独没有邀请品轩。看到凯凯的请客名单，妈妈很纳闷：“凯凯，品轩不是你最好的朋友吗？你为何没有邀请他呢？”凯凯生气地把借用马克笔的事情讲给妈妈听，妈妈语重心长对凯凯说：“凯凯，当时正在上美术课，对不对？”凯凯点点头。妈妈继续说：“你们既不能扰乱课堂秩序，也不能随便下位，这就意味着，如果凯凯把常用的颜色借给你，他必须经常回头向你要回，很有可能被老师批评。你为何不向同桌借用呢？至少没有那么大的动静，拿起来也比较方便。如果是你，你愿意把马克笔借给别人用，而导致自己无法完成作业吗？”听了妈妈的话，凯凯陷入沉思之中，良久他才说：“妈妈，你说的似乎有道理。”妈妈嗔怪道：“赶紧邀请品轩吧。品轩做得没有错，倒是你，不要因为小心眼就失去一个好朋友。”

在妈妈的建议下，凯凯邀请品轩来家里参加生日宴会。让凯凯惊喜的是，品轩居然送了他一整套的马克笔，凯凯感动不已。

凯凯无疑只是在为自己考虑，所以才会气品轩没有把马克笔借给他用。其实，妈妈说得很有道理，所以凯凯采纳妈妈的建议，邀请品轩参加生日宴会。事实证明，品轩是个好朋友，因为他还记得凯凯没有马克笔用的事，并送了一整套马克笔给凯凯。

任何时候，男孩都要学会换位思考，站在他人的角度上思考问题，才能理解他人的言行举止。其实，如果凯凯早一些想到向品轩借用马克笔会很麻烦，而不去请求品轩把马克笔借给他，那么也就没有后来的这些不愉快。在无可奈何的情况下，男孩当然可以求助于他人，但是也要考虑到他人帮忙的成本，尤其是在特殊的环境里，还要考虑他人帮忙的可行性，这样才能让一切进展顺利。

爸妈有话说：

每个人生活在这个世界上，都有有求于人的时候，但是求人的次数最好不要太频繁，更不要给别人带来麻烦。寻求他人的帮助时，一定要先考虑他人的情况，确定他人的确可以轻松地帮助我们，而不至于给他人增加太多的麻烦，这样才可以张口。否则，提出不情之请的人是会被人鄙视的，在人际交往中也无法给他人留下好印象。

坚强的孩子，拥有辽阔的人生

古往今来，一切伟大的人，无一不是坚强的人。正如古人所说，天将降大任于斯人也，必先苦其心志，劳其筋骨，饿其体肤，空乏其身，行拂乱其所为，所以动心忍性，增益其所不能。的确，每一个成功者都有自己的成功道路，但是他们也拥有相同的品质，那就是都很坚强，面对生活的艰难困苦，他们从不轻易放弃，而是越挫越勇，在与命运博弈的过程中证明自己。

很多人以为，一天是从黎明时分开始，而实际上，一天是从凌晨开始，那正是一天之中黑暗最为深重的时候。实际上最智慧的民族犹太民族，认为一天从黑暗中开始，在明亮中结束，这也告诉我们，犹太人是非常积极乐观的，所以对于人生才能如此昂扬向上。孩子在成长的过程中，也应该形成坚强的品质。唯有如此，孩子才能从容面对成长过程中的诸多坎坷和挫折，才能历经磨难，变得越来越坚强和独立。

在读小学三年级的时候，乐乐因为滑轮滑，不小心摔倒，导致腿部骨折。他的整条右腿，从大脚趾头到大腿根部，全部都是石膏。在腿部受伤的地方非常疼痛的情况下，他甚至无法坐着，只能躺在床上。大概两个半月后，乐乐才拆掉石膏，可以坐起来。妈妈很懊悔带着乐乐去公园里滑轮滑，乐乐却对妈妈说："妈妈，没关系的。男孩子如果没有骨折过，就少了一种经历。"听到乐乐的话，妈妈尽管心中酸涩，却感到极大的安慰。

后来，乐乐可以拄着拐杖下床行动，妈妈开始利用工作之余的时间教乐乐语文和数学，还聘请了英语老师教乐乐英语。乐乐一边养伤，一边努力学习，有的时候也会感到压力很大，因为他要在一个学期的时间里学完一整年的课程。然而，他没有气馁，每天都很配合妈妈，还学会了自学的方法，对于语文，识字量和阅读量都很大的乐乐，可以有效地自学。一年过去了，乐乐和同班同学一起升入四年级，他的学习成绩没有退步，反而从班级前十名进入了前五名。对于乐乐的表现，连老师都由衷地竖起了大拇指。

坚强的品质，能够帮助孩子们战胜成长过程中的困境，让孩子们更加勇敢无畏地努力向前。很多孩子之所以在成长的道路上总是不能取得进步，就是因为他们始终被困扰着，不知道如何才能更加积极进取，且一旦有小小的困难横亘在面前，就会被挡住去路。作为父母，要有意识地引导孩子挑战困难，突破和成就自我，这样孩子才会在成长过程中更加努力进取，勇往直前。

在这个世界上，没有谁可以绝对轻松地生存，每个人都有自己的苦恼，也要面对生存的困境。坚强的人不会随随便便就抱怨，而是会调动全身心的力量，努力地超越困境，成就自我。父母要告诉孩子坚强，更要以身示范为孩子树立榜样，这样孩子才能在成长的过程中砥砺前行，才能不断地坚持进取。

爸妈有话说：

孩子，不要让困难成为人生的障碍，唯有不断地突破和超越自我，才能真正地成就自我。记住，每个人的人生都不是坦途，而成功者之所以成功，只是因为他们很努力，绝不畏缩，始终带着昂扬的勇气不断地前进。

第04章

预先规划，树立目标

常言道，凡事预则立，不预则废，这句话告诉我们，不管做什么事情，都要有规划，才能按部就班地进行。若总是浑浑噩噩，东一榔头西一棒槌，则不但无法保证事情朝着预期的方向发展，还会导致事情变得越来越糟糕。所以男孩在成长的过程中，一定要树立远大的目标，从而督促自己坚持不懈勇往直前。

设立人生的远大目标

一个人要想收获成功或者幸福，最重要的就是确立人生目标。如果人生中失去奋斗的目标，就像在茫然的大海上航行，不知所踪，而只有朝着目标勇往直前地前进，才能够不断地突破和超越自我，才能够为了实现人生的价值而坚持不懈地努力。举世闻名的科学家爱因斯坦就有目标，并且在一生之中，为了实现目标，他总是不懈努力。爱因斯坦是犹太人，在这个世界上，犹太民族是最聪明的民族，也是最有韧性的民族。正是因为这种坚韧不拔的毅力和朝着目标坚持奋斗的精神，爱因斯坦才能够最终战胜坎坷和挫折，获得成功。

青春期男孩正处于成长发育的关键时期，对于人生也许并没有深刻的洞察和认知，但是他们仍要为自己设立目标。当然这个目标可以非常远大，也可以将其分解为短期的小目标一一践行实现。唯有拥有聚沙成塔的勇气，青春期男孩才能够继续自身的行动，勇往直前地奔向目标。正如奥斯特洛夫斯基所说的，每个人都只有一次生命的机会，在有限的生命里，要想最大限度实现自身的价值，就要通过目标来指引自己不断地前行。现代社会上，有很多人总是与失败结缘，仅有少数人能够获得伟大的成功，这并非因为成功者与失败者在天赋上有显著的区别，主要的区别在于是否有目标。

在目标的激励下，人才能不断激发自身的潜能，才能够排除万难，勇往直前地前进。目标就像航行中的灯塔，指引着人们朝着前进的方向不懈努力，而一旦失去目标，人们就会在奋斗的过程中迷失自我，也会因此陷入困境，根本没有能力继续勇往直前。

很久以前，有个年轻人在河边散步。他散步的时候，发现有一个老人正在出租渔网。这个老人的经营策略很奇怪，他以很便宜的价格出租鱼网，而且租渔网的人可以把打捞上来的鱼带走。因此想要捞鱼的人很多，年轻人也加入了捞鱼的队伍。年轻人拿起渔网开始捞鱼，然而在很短的时间内，他就弄坏了三个渔网，却连一条鱼都没有捞上来，哪怕是小鱼。年轻人很失落，他突然想到也许是老人故意把渔网做得特别单薄，所以才导致渔网不停地被弄坏，这样老人就可以收取更多的租金。为此年轻人质问老人："你的渔网总是会破掉，这样如何能捞起鱼呢？"老人回答："年轻人，你没有捞上来鱼，和渔网是否单薄没有关系，而是因为你的心失去了目标。你总是想捞起最大的鱼，却没有想到渔网根本不能承受大鱼的重量。假如你从一开始就为自己确定正确的目标，把小鱼作为捕捞对象，那么渔网就不会这么容易破了。人生也是这样，必须要制订与自己相符合的目标才能够获得成功，不管是妄自菲薄还是好高骛远，都是不可取的。"

老人说得很对，每个人都应该制订符合自己能力和水平的目标，唯有如此，才能够通过激发自身的力量获取成功。反之，如果总是不知天高地厚，为自己设定过高的目标，则会因为能力不足而沮丧落魄。如果总是设定过低的目标，让自己轻而易举、不费吹灰之力就能实现目标，那么也就无法令自己实现提升。只有适度的目标，才能激励人们，让他们激发出自身的力量，并更加努力地勇往直前。

青春期男孩，要根据自己的身心发展水平制订相应的目标，这个目标未必要非常长远，因为每个人在不同时期的目标都是不同的，但一定要符合青春期男孩的发展水平，这样才能激励青春期男孩不断进取，为了实现目标而不断地提升和完善自我。

爸妈有话说：

孩子，你可以为自己的人生制订目标，这个目标应该符合你的人生志向与理想，也应该符合你的认知水平和能力发展水平。只有这样，你才能够在努力的情况下实现目标。而爸爸妈妈将会作为你最坚定不移的支持者，永远站在你的身后，随时为你提供援助和支持。

立志让自己充满智慧

在人生之中，每个人的理想和志向都是不同的，有人梦想成为百万富翁，有人梦想获得高官厚禄，也有人梦想可以衣食无忧地度过一生。然而，最好的梦想是什么呢？最好的梦想是成为一个有智慧的人，因为不管想要成为怎样的人，也不管想要获得怎样的成功，都要充满智慧，才能努力实现既定的目标。

智慧是人生存的基础，一个人如果没有智慧，就无法在世上很好地生存下来，也无法处理好与身边人的关系，所以有智慧是人生存的最基本条件，也是每个人都应该具备的优秀品质。没错，智慧不但是一种能力，而且是一种品质。有智慧的人，不但智商很高，情商也很高，因此他们能够与身边的人相处得和谐融洽，他们的人生也会因为得到更多人的帮助，拥有更丰富的人脉资源而变得截然不同。当然要想成为有智慧的人，就要预先设立目标。所谓智慧，并不是与生俱来的，而是在后天成长的过程中不断积累丰富的知识和经验才获得的。常言道，不经历无以成经验，这就告诉我们，每个人都必须经历更多的事情，不断地从中进行反思和总结，这样才能够让自己拥有更多的智慧。

众所周知，钻石是价格昂贵的商品。为此，很多商人为了赚取更多的金钱，都会选择经营钻石而很多人不知道的是，经营钻石并非简单容易的事，不但要有丰富的经商经验，而且要有渊博的知识，拥有高超的智慧。这到底是为什么呢？

曾经有一个日本商人想要经营钻石生意，但是他并不懂得如何才能把钻石生意经营好。为此，他向当时的钻石大王讨教，询问钻石大王如何才能经营好钻石生意。钻石大王问他："你做好准备付出一百年的时间，至少和你的孩子一起付出所有的时间和精力去研究钻石了吗？要想经营好钻石，除了要有决心之外，还要拥有渊博的知识。你知道澳大利亚近海的热带鱼一共有哪些种类吗？"听到这个问题，日本商人觉得丈二和尚摸不着头脑，他无论如何也想不清楚，他要经营的是钻石生意，怎么又和澳大利亚近海的热带鱼扯上关系了呢！人人都知道钻石的种类浩如烟海，如果没有足够的耐心，是根本不可能对钻石非常了解的，因此，一个商人要想经营钻石生意，就要对海里的鱼类也有很深入全面的了解，这样才能够有足够的能力和耐心去钻研钻石。

除了经营钻石需要拥有智慧之外，在马拉松赛场上，也曾经有一个人依靠智慧，取得了成功，他就是日本的马拉松冠军山田本一。最开始的时候，山田本一名不见经传，然而在以日本为主场的国际马拉松比赛中，他出人意料地获胜了，此后就有很多记者闻讯来采访他。面对记者询问是如何取胜的问题，他回答是以智慧取胜，记者们都失望而归，觉得山田本一这是不愿意说出自己取胜的真正原因。为此，很多人断言山田本一只是侥幸取胜，也许在下一届马拉松比赛中就会销声匿迹。然而四年后，山田本一再次代表日本参加了在国外举行的马拉松比赛。在这次比赛中，山田本一依然获得了冠军。面对人们的询问，他还是回答凭借智慧取胜，人们对于这个回答显然很不满意。直到若干年后，山田本一出版了自传，人们才知道凭借智慧取胜的意思。原来山田本一每次参加比赛之前都会专门研究比赛路程附近的标志物，他用这些明显的标志物把漫长的马拉松赛程进行划分，从而每到达一个标志物，就感觉自己已经实现了一个目标。这样一来，他就能够浑身充满力量，更加努力地奔向下一个目标。就这样，山田本一不断爆发出力量，凭借顽强的毅力，最终接连两届在马拉松比赛中获得冠军。从这个角度而言，山田本一说自己凭借智慧取胜是很有道理的。

任何一个人要想解决问题，只凭着蛮力去解决是不可行的，一定要激励自己，不断地努力向上，且要开动脑筋，以智慧为自己加分，才能够真正做到绽放属于自己的精彩。

爸妈有话说：

孩子，你也许会拥有人世间很多的财富，但是对于你而言，真正的财富只有智慧。智慧并非生而得来的，而是通过不断地积累学识和经验才能够得到的。所以面对人生的坎坷逆境，一定不要抱怨，而要坦然接受。唯有如此，你才能更快地成长。

罗马不是一天建成的

人在制订目标的时候往往会犯一个根本性的错误，即好高骛远。大多数人恨不得制订一个必须穷尽一生才能实现的远大目标，殊不知，这个目标尽管对于人生有着很大的指导意义，但是却会因为遥不可及而使得实现目标的人在付出很多努力之后仍没有得到回报，并因此变得沮丧绝望，最终距离实现目标越来越远。甚至有些人因为缺乏毅力，还会情不自禁地放弃目标，让自己彻底远离目标。

西方国家有一句谚语，叫做罗马不是一天建成的。繁华的古罗马帝国建筑雄伟、经济发达，而这并不是经过一朝一夕的努力就可以一蹴而就的。每个人不管做什么事情都要脚踏实地，都要依靠点点滴滴的进步，努力地积累经验让自己循序渐进地前进。也可以说，成功都要经历艰苦卓绝的过程，每一个人的成功都是付出百倍的努力和辛苦之后才能得到的。青少年在成长的过程中可以为自己设立远大的目标，但是不要好高骛远，而要脚踏实地。当目标太过远大的时候，便无法对现实生活起到积极的指导作用，男孩还可以把这些目标进行划分，将其分解为中期目标和短期目标。这样一来，男孩在实现短期目标的过程中，就会获得激励，拥有持续进步的力量，也可以坚持进取，不懈努力，最终通过一步一个脚印的方式越来越接近成功的终点。

古人云，千里之行，始于足下，这告诉我们，要想用脚丈量这个世界，就必须一步一步努力地去做，而不能只是躺在床上梦想着自己日行千里，否则，当再好的想法沦为空想的时候，人生也就变得毫无意义。现在社会很多青少年都浑浑噩噩，他们没有人生理想，也有一些青少年对于人生有过于远大的理想，导致理想脱离现实。在这种情况下，理想对于他们的成长并不能起到积极的指导作用，也就注定了他们无法从理想上得到有力的指引和源源不断的力量。男孩要学会以智慧分解理想，让理想与现实相结合，切实指导自身不断地前进和努力。

思雨在学习方面一直保持在中等水平，很难取得进步。因此，在进入初中之后，妈妈和思雨进行了深入的交流，希望思雨能够变得更加努力上进，从而在三年的初中时期提升自我，取得蜕变，考取重点高中。对于这次沟通，思雨也深有感触，他意识到自己必须考入重点高中才能够考取名牌大学，才会有更美好的人生。为此，他为自己制订了一个伟大的目标，那就是考上本市重点高中。对于思雨的目标，妈妈当然是全力支持的，但是妈妈却忽略了一个问题，那就是思雨现在的成绩距离重点高中的差距不是一星半点的。妈妈并没有告诉思雨如何才能去实现目标，就这样，思雨一个人跌跌撞撞地开始了努力的行程。

由于目标定得过于高远，在第一次月考的时候，思雨就受到了严重的打击。思雨的水平原本处于班级里的中下水平，当然那是在小学阶段，如今进入初中阶段，班级里有很多出类拔萃的学生，因此思雨在第一次月考之中只取得了班级倒数第十的成绩。对于这个成绩，思雨简直失望透顶，他无法承受这样的打击，精神变得很颓废。妈妈这才意识到思雨的目标定得太过高远，为此她当即引导思雨调整目标。妈妈告诉思雨；“罗马不是一天建成的，胖子不是一口吃成的，要想进步我们就要脚踏实地。我觉得应把考上重点高中作为三年的中期目标，然后要制订每一次的短期目标。例如，以月为单位，在这次月考中我们考取了倒数第十的成绩，这的确不够理想，那么在下次月考中我们如何才能让成绩进步五个名次呢？这就是我们需要认真研究的问题。”接下来的时间里，妈妈和思雨分析了试卷上的题目，也分析了思雨在学习方面的具体情况，再和思雨一起努力。渐渐地，思雨学会了有的放矢地查漏补缺。为了让思雨学习更加轻松，妈妈还为思雨聘请了专门的家教老师，给思雨巩固新学习的知识。就这样双管齐下，在第二次月考中，思雨的成绩居然上升了十个名次。看到自己取得了这么好的成绩，思雨沾沾自喜，妈妈趁机告诉思雨：“思雨，不要骄傲，因为进步的路程还很遥远呢！我们的目标是考上重点高中，你可一定要咬紧牙关继续努力，再接再励，我们才能距离目标越来越近。”

对于男孩来说，过于远大的目标会让他们陷入努力的困境，如果他们已经非常努力，但是却距离目标越来越远，他们必然会感到颓废沮丧。因此父母应该引导男孩把长期目标分解为短期目标，这样男孩才能循序渐进地进步，才能在坚持的过程中有所收获，得到激励和力量。

罗马不是一天建成的，胖子也不是一口吃成的，每个人要想做成一件事情，就要持之以恒地努力，坚持不懈地奋斗，如此才能距离目标越来越近。否则，如果因浅尝辄止，未见成效而一蹶不振、灰心丧气，则无论如何也不可能获得成功。

爸妈有话说：

孩子，也许你现在不够优秀，但是不要跟其他优秀的同学比较，只要每天都比前一天进步一点点，每天都能看到自己的改变，这就足够了。所谓千里之行始于足下，你伟大的进步也是从当下开始的。

制订计划，才能推进学习进度

古人云，凡事预则立，不预则废，这句话告诉我们，不管做什么事情都应该有计划，这样才能够取得良好的结果。对于青春期的男孩来说，正应该以学习任务为主，为了让学习秩序井然、效率倍增，就应该计划学习的过程，从而在学习的时候分清众多学习任务的轻重主次，做到有序地解决问题。特别是在进入初中阶段之后，孩子从小学阶段的轻松，一下子到要面对繁重的学习任务，常常会为此而感到苦恼，甚至手足无措。在这种情况下，父母要引导孩子有的放矢地制订计划，从而根据计划按部就班地完成学习任务，这样一来不仅整个过程非常顺畅，其内部秩序也会处于一种有序状态。尤其是男孩做事情的时候，往往缺乏秩序性和条理性，因此更应该学习制订计划。这样才能够让学习变得更加有效率，并取得事半功倍的效果。此外，制订学习计划还有助于男孩节省时间，从而提升每一分每一秒的利用率，让学习效率成倍地增长，对于男孩儿的学习而言，这当然是至关重要的。

在学习上，在日常生活中，父母要有意识地培养男孩的秩序性和条理性。很多父母总是为男孩安排好生活的一切，这样一来，男孩无需为各种事情烦忧，所以他们在处理各种事情的时候总是非常随意，也丝毫不担心如果不能圆满地处理问题，将会引起怎样的后果。为了让男孩儿学会对自己的生活负责，父母要及时地对男孩儿放手，而不要总是对男孩寸步不离。要记住，没有人不经历坎坷挫折就能成长，也许男孩儿一开始做某些事情并不能让人满意，但是随着锻炼次数的增多，他们一定会做得越来越好。当自身的能力和水平得以提升，未来在学习过程中，男孩当然会有好的表现。

在整个小学阶段，思雨的学习都处于混乱的状态。因为考虑到小学的课程并没有那么大的难度，爸爸妈妈也从来没有过多干涉思雨的学习。但是自从进入初中之后，爸爸妈妈发现思雨写作业都很成问题，这是因为每天放学之后都有大量的作业需要完成，而思雨在小学阶段却养成了回家先休息吃东西，然后才慢慢吞吞开始写作业的坏习惯。有的时候，明明已经放学回家一个多小时了，但是思雨仍没有开始写作业。为此爸爸妈妈感到焦心如焚，也因为催促谢思雨写作业，好几次与思雨发生争执和矛盾。后来，妈妈意识到不能让整个初中阶段都这样在催促中过去，为此她和思雨约法三章，要求思雨根据自身的情况制订详细的计划，从而按部就班地根据计划开展学习。

当思雨把学习计划制订好之后给妈妈过目时，妈妈发现思雨的学习计划并不科学合理，也并没有与学校课程的安排紧密结合。为此，妈妈告诉思雨制订计划应该注意的事情，在妈妈的提醒下，思雨再次修改计划之后，计划变得完美。妈妈对思雨说："这个计划可以先试执行，如果发现有不合理的地方，在短期内还可以进行调整。总而言之，计划是为学习服务，而不是束缚学习的，你要一切都以学习效率为准。”

男孩制订学习计划，首先要根据学校的课程安排进行。因为在课后完成作业是为了配合在学校课程的学习，也是为了起到巩固复习和预习的作用，所以要以学校课程为准，不要脱离学校的课程。其次，在制订计划的时候，一定要详细而具体。很多孩子制订的计划显得很空洞，在执行的时候也没有起到有效指导的作用。计划一定要详细具体，才能够督促男孩提升学习的效率，在规定的时间内完成相应课程的作业。这样一来，男孩各方面能力才会不断得以提升。再次，制订计划一定要符合自身的实际情况。不可否认的是，每个男孩在学习方面的天赋都是不同的，他们完成作业的速度也各不相同，因此，在制订学习计划的时候，男孩要根据自己写作业的速度有目的地提升自己，而不要以他人作为标杆来为自己制订不切实际的计划。否则，再好的计划，如果得不到实行，就只能成为镜中花、水中月，毫无效率可言。

其次，计划一定要有可以调整的空间。如果制订计划的时候，男孩把每一个步骤的时间安排都精确到分秒，那么当发生意外的事情需要处理时，男孩儿就没有时间去调整。所以在制订计划的时候，既要本着节省时间的原则争分夺秒，也要本着便于调整的原则给计划留有一定的弹性时间，唯有如此，在发生意外情况的时候，才可以有的放矢地调整计划，才可以让计划变得更加合理，具有可执行性。最后一点也是最重要的一点，就是一切的计划，不管是完美还是有瑕疵，如果不能够真正付诸实际行动，就无法收到切实的效果。因而男孩在制订计划之后必须严格按照计划去安排自己的生活和学习，这样一来计划才是有意义的，男孩的成长才能因为计划而变得秩序井然。

爸妈有话说：

孩子，当你煞费苦心地为自己制订计划之后，一定不要将其束之高阁，让它的上面落满灰尘，否则它就没有丝毫的意义，再好的计划也必须付出行动才能对我们的生活、学习真正起到指导作用，否则这样的计划就是没有作用的。当然，这需要你具有极强的毅力和自制力，你要相信，当你习惯于有秩序地安排生活和学习时，你会喜欢上这种秩序井然、效率倍增的感觉。这样遵守计划的好习惯不但对你的学习有积极的作用，将来对于你的生活、工作和成长都会起到极大的推动作用。

当小老板做生意，学会管理金钱

随着父母对孩子财商发展的重视，很多孩子对于金钱的观念也有了很大的进步，他们不但知道金钱是生活中不可缺少之物，也知道金钱来之不易，因此，很多孩子都想要自己挣钱，享受挣钱的感觉，也体会父母的艰辛。对于孩子这样的愿望，父母无需阻挠，而是应该支持孩子去亲身感受。

如今的社会上，很多父母觉得不应该让孩子过早地接触金钱，否则会让孩子产生金钱至上的错误思想，会对孩子的成长起到误导的作用。其实这样的担忧完全是不必要存在的，因为只要父母对孩子加以正确的引导，让孩子意识到现实生活中没有钱是万万不能的，但是钱也并不是万能的，帮助孩子形成对金钱的正确意识，孩子就可以成功地主宰和驾驭金钱，并利用金钱为自己的生活服务。

父母唠唠叨叨告诉孩子金钱来之不易，孩子并不会有深刻的感触。明智的父母会告诉孩子金钱并不是大风刮来的，而是父母辛辛苦苦挣来的，他们还会给孩子机会，让孩子亲自去当老板，体验挣钱的快乐，同时也感受挣钱的辛苦。这样一来，孩子才能够真正成为金钱的主宰者，才能对金钱形成正确的思想意识。说不定，在当老板的过程中，孩子还能成为挣钱高手，驾驭金钱、主宰金钱、享受金钱，并感受到创造美好生活的乐趣呢！

乐乐一直以来都有一个梦想，那就是通过自己的努力去挣到更多的钱，充实自己的小金库。有了自己的储蓄卡之后，他很想让储蓄卡的数字变得更大一些。乐乐想方设法地挣钱，除了参加报社小记者的活动卖报纸之外，还在学校组织的淘宝会上，拿出自己家里不用的玩具去卖。有的周末，乐乐还会拿出自己看过的书，去小区广场上卖给有需要的小朋友。这样一来，乐乐就得到了锻炼，对于金钱的印象更加深刻，对于如何赚取金钱也有了更深刻的体验。

有一天，乐乐拿着自己小时候的玩具去公园小区的广场上叫卖。看到小朋友在卖东西，很多爸爸妈妈都觉得很新奇。有一个家长想要选择两个旧的摇铃，乐乐看到这个家长一下子要买两件，还主动拿出一个小礼物送给这个家长。家长不由得对乐乐竖起大拇指说："这个孩子真是有财商，很会做生意。"得到这个家长的表扬，乐乐感到扬扬得意。然而，很快乐乐就感受到做生意的艰难。一个家长对于乐乐卖的玩具表示质疑，他说："你的玩具都是二手的，谁能保证它的干净卫生呢？"乐乐说："在卖玩具之前我已经在家里把玩具都清洗过了，而且用消毒水擦拭过。其实你的孩子就算买新的玩具玩，玩的过程中也会沾染细菌，也要定期消毒清洗。”听到乐乐不卑不亢的回答，这个家长最终也买了一份玩具。然而，乐乐虽然很热衷于挣钱，但是他在花钱方面却缺少计划。他虽然把钱都存到了银行里，但是他并不知道如何利用这些钱去挣更多的钱。有一次，乐乐听说妈妈购买理财产品获得了收益，也决定把钱用于购买理财产品。乐乐对于理财产品很不了解，为此妈妈给乐乐讲解了理财的知识。听说把钱放在银行里就可以生出钱来，乐乐很激动，他当即把这些钱交给妈妈一起购买理财产品。后来妈妈还引导乐乐做了一个详细的理财计划表，在这个计划表上明确表示出有多少钱可供乐乐零用，有多少钱可以给乐乐用来理财，预计产生的利息将是多少。看着一目了然的理财计划表，乐乐心中的理财思路也变得清晰起来。

很多孩子对金钱都没有观念和意识，这是因为他们在生活中衣食无忧，如果需要用钱就可以去向父母讨要，为此，他们从来没有做金钱的主人，更没有真正计划过金钱的用途。如今，父母一味地重视孩子的智商、情商，却不知道在现代社会，提升孩子的财商也是至关重要的，正如人们常说的“你不理财，财不理你”，父母必须有意识地提升男孩的财商，男孩才能够主宰和驾驭金钱，这对于帮助孩了合理安排自己的零花钱起到至关重要的作用，而且对于孩子长大成人之后能够主宰和安排好自己的生活也是非常有意义的。

让孩子自己当老板并不是一件简单容易的事情，因为很多孩子内向腼腆，未必能够落落大方地去售卖商品。在让孩子当老板的过程中，不但可以提升孩子的自信心，让孩子变得更加勇敢，也可以让孩子在挣到钱之后合理计划和安排金钱的用途，这对于孩子的成长当然是非常有意义的。

爸妈有话说：

孩子，当你挣到了自己人生中的第一份钱时，这就意味着你更加懂得钱对于你的意义和重要性，当然，在此过程中你也要知道，没有钱固然是万万不能的，但是有钱也不是什么都可以行得通的。人不应该成为金钱的奴隶，而应该成为金钱的主宰，这样才能让金钱为自己的生活服务，才可以有的放矢地用金钱来改善生活的品质。

第05章

这些变化说明你已经长大了

进入青春期，男孩的身心都在快速发展，为此他们的身体出现了很多变化。对于这些变化，男孩如果不了解，就会感到很紧张，甚至还会误以为身体有异常；而如果作好心理准备，男孩就能坦然地迎接这些变化的到来，也可以喜悦地接纳自己已经长大的现实。

脖子上长喉结是正常的

进入青春期之后，男孩身体上的第一性征——喉结开始发育。喉位于人体的颈部，随着不断地发育，男孩喉部最大的甲状软骨开始发育。其实，这是甲状软骨第二次发育，因为胎儿从出生之后两个月到五六岁期间，甲状软骨一直在发育。到了五六岁期间，甲状软骨停止发育，直到男孩进入青春期，在雄性激素的作用下，男孩的甲状软骨向前突出，导致喉结的前后径扩大。与此同时，男孩开始变声，声音变得低沉。相比起男孩，女孩的喉结没有经过这样的发育，因而女孩的声音显得很尖细，表现出明显的女性特点。

然而，细心的男孩会发现，自己的喉结在青春期并没有明显突出，反而有些女孩的喉结很突出，这是为什么呢？其实，这也是正常现象。有些学者进行了专门的统计，发现许多肌肉发达、身体健壮的男性运动员喉结并不特别突出，而其他方面的男性特征则一切正常。所以男孩如果发现自己的喉结没有那么突出，也不必感到惊讶和恐慌，只要身体发育一切正常，顺其自然就好。也有专家经过研究发现，男性喉结不突出，也许是因为从进入青春期就开始进行高强度的体育训练，还有的是因为频繁手淫，所以导致雄性激素被消耗，而无法给甲状软骨发育提供足够的雄性激素，这样一来，男孩就不会喉结突出。因而青春期男孩也要注意，避免手淫，从而保证身体正常发育。

当然，脖子细长的男孩喉结突出，相较之下，较胖、脖子粗壮的男孩，也许喉结突出没有那么明显，因为脖子上有很多的肌肉或者是脂肪，导致喉结突出不那么显眼。此外还需要注意的是，曾经有专家把喉结发育与睾丸、阴茎的发育联系起来，其实是没有道理的。事实证明，喉结发育是否完善，与睾丸、阴茎发育没有必然联系，因此，青少年如果发现自己喉结突出不明显，也无需感到惊慌。

转眼之间，乐乐已经是一名初中生了。最近，他发现自己的脖子上明显有一块凸起，而且声音也变得低沉沙哑。乐乐以为自己生病了，赶紧把这种情况告诉妈妈。妈妈笑起来，对乐乐说："傻孩子，你这是长大了。你没发现爸爸的喉结就很突出吗？大多数成熟的男性，都会喉结突出，这也是男性的特征之一。"听到妈妈这么说，乐乐才放下心来。

孩子进入初中，也就进入了青春期，接踵而来的是身体的各种变化。作为父母，要告诉孩子接纳身体的成长和发育，而不要因为对青春期不了解，一旦看到身体方面有变化，就感到大惊小怪。也许有些父母在涉及关于青春期性知识的内容时，不知道如何对孩子说，那么也可以购买相关的书籍，从而帮助孩子了解关于青春期的知识，这样孩子才能得到有效的指导，才可以健康快乐地成长。

需要注意的是，在青春期，爸爸要更加关注孩子。因为青春期的男孩内心非常脆弱敏感，对于身体上的很多成长也许不好意思和妈妈沟通，那么爸爸就要充当孩子成长引路人的角色，时刻关注孩子的成长动态，并有效地给予孩子正确的指导。

爸妈有话说：

孩子，你长大了，喉结凸起是你进入青春期后身体成长的明显表现之一。在这个阶段，你也许会面临很多困惑。你可以及时向爸爸妈妈求助，也可以看我们专门为你购买的书籍，这样你才能为自己答疑解惑，才可以快乐成长，顺利度过青春期。

男子汉才会有遗精现象出现

男孩进入青春期，身体和心理上都在经历剧烈的、迅速的发展。很多男孩儿在进入青春期之后都会出现梦遗的现象，所谓梦遗，就是男孩儿在做梦的时候发生遗精。通常情况下，第一次梦遗是在青春期成长最快的一年，也就是在十四到十五岁之间。当然每个男孩的情况都不一样，有的男孩在十一岁前后就会梦遗，也有已经成年的十七八岁的男孩发生梦遗。一般情况下，腋毛阴毛胡须都是先于梦遗开始生长的，然后男孩的身体会进入快速增长的阶段。在长出各种体毛之后，又发生梦遗的一年时间里，男孩儿的身高会增长很快。

男孩为何会出现梦遗的现象呢？这是因为，在进入青春期之后，男孩身体内制造精液的系统已经发育完善，开始产生精液，但是男孩还没有性行为，因此他们就没有途径可以把精液排泄出来。所谓精满自溢，就是指男孩在精液充足的情况下，在睡梦中精液就会自动地排泄出来。从生理的角度来说，发生梦遗的男孩已经发育成熟，而且可以繁衍下一代。现代社会中的结婚年龄不断地推迟，青春期男孩正处于学习的关键时期，所以要以学习任务为重，而要尽量避免过早地发生性行为。

大多数男孩在发生梦遗之后都会很紧张、恐惧，觉得自己是不是生病了，所以才会排泄出这种奇怪的东西。实际上梦遗就跟人的吃喝拉撒一样，是一种正常的新陈代谢。男孩的身体内如果制造了太多的精液，且超出了身体本身所能容纳的精液数量，那么就会自动地把精液排泄出来，然后再制造新的精液。这样一来，身体就可以保持生产精液的能力，进行正常循环。有些父母在看到男孩发生梦遗现象之后，觉得梦遗会对男孩的身体造成损耗，因而会特意为男孩制作一些有营养的食物或者是补品，实际上梦遗是正常的排泄行为，无需特意进补。

进入初中之后，有一天早晨醒来，乐乐发现自己的下体非常滑腻，黏乎乎的，他感到很紧张，生怕自己是生病了，为此赶紧跑去找爸爸。他紧张兮兮地对爸爸说；“爸爸，我的身体好像出问题了。”被乐乐这么一说，爸爸也很紧张，赶紧询问乐乐到底是怎么回事。乐乐不好意思说，便拿出自己的内裤拿给爸爸看。爸爸看到内裤上的精液，一下子就明白了是怎么回事儿。他高兴地想对乐乐说；“儿子，你长大了。”乐乐纳闷地说：“我都生病了，你还说我长大了。”爸爸说：“乐乐，这不是生病，这是你的身体开始制造精液，如同一个成熟的男人一样开始运转而已。”爸爸给乐乐讲述了很多关于精液的知识，也告诉乐乐男性独特的身体构造以及初步的性知识。在爸爸的解释下，乐乐尽管满脸绯红，但是他紧张的心情放松了下来，意识到自己从现在开始已经成为了一个真正的男子汉。

男孩第一次出现梦遗之后，父母一定要及时给男孩普及性知识，尤其是作为爸爸在这个时候要发挥重要的作用，告诉男孩遗精是到底是怎么回事。当然，梦遗还意味着男孩进入了新的人生发展阶段，所以还要进行一些准备。首先，男孩要避免穿过于紧身的衣服。因为性器官长时间处于温热的环境中，很容易充血，这样就会导致遗精的次数增加。其次，男孩儿要经常清洗身体，保持阴部的干净卫生。很多男孩都有包皮炎，这样会给阴部卫生带来隐患，一定要及时治疗才能避免产生严重的后果，否则炎症也会刺激男孩的性器官，导致男孩频繁遗精。

当男孩第一次出现梦遗的情况，就意味着男孩已经真正长大了。这是件值得高兴的事情，男孩无需紧张，更无需惊慌失措，作为爸爸，在这个时候也要及时给予男孩最好的引导和帮助。

爸妈有话说：

孩子，你已经成为了一个真正的男子汉。如果在成长过程中有什么疑难的问题，可以及时地问爸爸妈妈，爸爸妈妈一定会给你最好的解答。尤其是在进入青春期之后，面对身体的改变时，不要感到紧张，因为一切都是成长的表现。

低沉的嗓音标志着男孩走向成熟

在十三岁到十六岁之间，男孩会出现变声的情况。变声大概要持续半年到一年的时间，在此期间，男孩的声音会从儿童清脆的声音转化为成人低沉的声音，喉头发育也会进行得很快。这样的成长意味着男孩从稚嫩的青少年不断地走向成熟。因而在此阶段，男孩要保护好自己的嗓音，这样才能够让声音变得更加成熟。

在变声期里，男孩一定要保护好声带，因为声带能够决定声音的音色。声带位于喉腔之中，它是弹性黏膜组织，是发音的主要器官，所以能够决定一个人的音质音色。当然，每个人声带的长短厚薄都是不一样的，在儿童阶段，声带的差别不大，而且男女生的声带都没有太大的差异，所以男生女生才会发出一样的童音。童音的特点就是声调很高，尖锐清脆。而到了青春期之后，男孩的声带开始快速发育，变得更宽更厚，因此声音由高而尖细变得低沉粗哑。相比起男孩，女生的声带在青春期则没有太大的发展和变化，所以女生的声音会更加尖锐。

在变声的特殊时期，男孩要想保护好嗓音，就一定要注意保护声带，这样才能够让自己的声音更有磁性。有些疾病会令声带受到损伤，男孩在成长的过程中要避免患病，如果患病也要尽全力保护好嗓子。当然，日常生活中如果能够多多注意细节，也可以有效地保护声带。具体而言，首先，可以通过饮食来保护声带。其次，在使用嗓子的时候还要注意力度，不要声嘶力竭地伤害嗓子。最后，还要保持良好的作息习惯，因为生活有规律，情绪稳定，睡眠充足，男孩儿才能有更好的成长状态。为了避免感冒、嗓子发炎等情况，男孩还要多多参加体育锻炼，从而增强免疫力，增强体质。总而言之，只有顺利度过变声期，男孩才会拥有雄浑低厚的男性嗓音。

在经历梦遗的事情没有多久，乐乐就迎来了又一个困惑。原来，乐乐虽然没有感冒，但是他的声音变得非常沙哑，听起来就像乌鸦在叫。乐乐觉得自己的声音实在太难听了，因而原本在课堂上积极回答问题的他现在很少与老师互动，有的时候即使老师点名让他回答问题，他也吭吭唧唧不愿意说话。老师不知道乐乐这是怎么了，只好和他的爸爸妈妈通电话。在听到老师描述的情况之后，爸爸心中有了答案。

等到乐乐放学回到家里，爸爸问乐乐为何上课的时候不愿意回答问题。乐乐伤心地流下眼泪说："爸爸，你听听我的声音，简直太难听了，就像一只乌鸦在叫。"爸爸笑起来说："孩子，这也是你成长的正常过程呀。你听听爸爸的声音和你的声音一样吗？"乐乐摇摇头。爸爸说："这是因为爸爸经历了你现在这样乌鸦叫的过程，才能够拥有低沉的声音。声音虽然是无形的，但也是男性的特征之一。对于男性而言，拥有低沉稳重的声音会显得更有魅力，但是你有没有发现，在此之前你和女生的声音很像，都是尖锐高亢的。在经历变声期之后，你的声音才会变成男性成熟的声音，更加低沉稳重，也更有魅力。"乐乐说；"但是我现在的声音太难听了，什么时候才能变成你这样的声音呢？"爸爸笑着说，"别着急，也许半年也许一年，反正这个阶段会很快过去的。在这期间，你会发现你们班的男生陆陆续续都会变得和你一样，到时候你就不会觉得自己很奇怪了。不过在这个阶段里，你要注意保护好嗓子，不吃辛辣刺激的食物，不声嘶力竭地喊叫，而且还要增强身体的抵抗力、增强体质。这样的话，你的声带才会发育得更好，你以后的声音才会更有魅力、更吸引人。"听了爸爸的话，乐乐对于变声之后的自己充满了憧憬。

青少年在发现自己变声之后，如果班级里其他孩子还没有变声，他们就会觉得自己很另类，因而会变得沉默寡言，不愿意过多地说话。实际上，这样的阶段是每个青少年都会经历的，对此，青少年应端正心态，坦然面对，认识到这完全是正常的生理发展变化，无需过分担心。

幸好爸爸知道乐乐的声音为何会出现这样的变化，所以才能够给乐乐合理解释变声期的各种现象。其实，如果父母不懂得如何引导孩子，也可以借助相关的图书给予孩子最好的指导，这样一来，孩子在发现身体有异常的时候，就不会感到紧张和尴尬。

爸妈有话说：

孩子，如果你想拥有和爸爸一样低沉稳重、充满磁性的声音，就要度过现在的变声期。在变声期间也许声音显得很难听，但这是因为声带在不断地生长发育。所以你一定要保护好声带，未来才能够拥有更有魅力的声音。

男孩如何应对小痘痘

进入青春期，不管是男孩还是女孩，因为体内激素的大量分泌，导致他们的皮肤会出现变化。这就是小痘痘。很多青春期少男少女都要经历战痘过程，这是因为，看着原本光滑细腻的脸上出现了坑坑洼洼的痘痘，注重美丽的他们总是要想方设法地消除。而实际上，在青春期，要想彻底消除痘痘是很难的，因为痘痘是青春期的特别表现之一，是由身体的激素分泌引起的。

在医学上，青春痘也叫粉刺。青春痘的高发期，就是在青春期，所以它才得到这个听起来非常浪漫美丽的名字——青春痘。当进入青春期后，男孩的脸上、后背、胳膊等地方都会长出青春痘。根据每个人的皮肤情况不同，青春痘的生长情况也不同。有的男孩属于干性皮肤，所以他们的青春痘生长会比较少；有的男孩儿属于油性皮肤，他们的脸上往往会成为青春痘的重灾区；还有的男孩儿属于混合皮肤，他们有的地方会长青春痘，有的地方则比较干，还会长出干皮。这让男孩们非常困扰：如何才能缓解长青春痘的情况呢？首先，我们要弄清楚男孩为什么长青春痘。

第一，青春痘是会遗传的，在父母之中，如果有一方有青春痘，那么孩子未来长青春痘的概率就会比较大。第二，青春痘是因为体内激素的分泌太过旺盛，所以才会茂盛地生长的。第三，青春期男孩儿的皮脂腺分配特别旺盛，这样一来他们的毛孔之内就会有皮脂混合物。如果不能够及时清除，这些皮脂混合物堵塞在毛孔内，就会形成青春痘。第四，现代社会，随着经济的发展，生活的环境越来越糟糕，空气状况越来越让人担忧，因此青少年在户外活动的时候脸上会沾染很多污染物，也很容易形成青春痘。第五，很多青少年都喜欢吃重口味的东西，比如火锅、油炸食品，这些食物都很油腻，也容易上火，都会导致青少年长出青春痘。还有的青少年因为好奇沾染上了抽烟喝酒的恶习，却不知道一时的痛快之后是满脸青春痘带来的痛苦。最后，要想战胜青春痘，一定要保持心情愉悦，保持良好的作息习惯。细心的青少年朋友会发现，如果有一段时间缺乏睡眠或者生活不规律，或者为了迎接考试而压力山大，那么都会导致青春痘泛滥成灾。那么，青春痘什么时候才能够不再长呢？通常情况下，青春痘不再生长的时候，也就是男孩的身体发育成熟的时候。在二十五六岁的时候，男孩的身体发育进入成熟期，他们身体内的各种激素水平处于稳定的阶段，相互之间保持平衡，所以青春痘会越来越少，也会渐渐痊愈。青少年要意识到长青春痘是由很多因素引起的，不是一种疾病，而是正常的生理发展变化。因而青少年要怀着愉悦的心情对待青春痘，否则越是看到青春痘心情焦虑，则青春痘的生长发育越是肆无忌惮，也就越容易导致青少年的皮肤状态进入恶性循环之中。

变声期还没过去，皮特的脸上就长满了青春痘，看着自己的脸在一夜之间如同毁容一样惨不忍睹，皮特简直不愿意照镜子，为此他的心情也变得很糟糕。虽然爸爸说这些青春痘都是正常的，但是皮特还是不愿意自己的脸上长满了难看的红疙瘩，为此他询问了班级里几个和他一样长青春痘的男同学："有什么办法可以把青春痘彻底去除呢？"有的男同学说用肥皂水洗，有的男同学说可以用橘子皮里的水涂抹脸，还有的男同学说可以去美容院用一种粉刺针去除青春痘。皮特没有那么多钱去美容院，所以他决定先从最简单易行的方法做起，那就是用肥皂水洗。然而在清洗了一段时间之后，皮特发现自己脸上的青春痘非但没有收敛，反而有越长越旺盛的趋势。最重要的是，皮特在用肥皂水洗了一段时间的脸之后，他的脸上除了青春豆之外，还出现了很多的干皮。皮特觉得难受极了，他觉得自己丝毫没有兴趣再面对自己的脸。

后来，皮特好不容易攒了一些钱去了一家很小的美容院，在美容院里，美容的护理人员拿出粉刺针给他的脸挑粉刺。实在是太疼了，皮特的眼泪都忍不住流了出来，而且也许是因为粉刺针消毒不过关，皮特脸上有一个粉刺在被挑完之后还发炎感染了，里面有脓。看到皮特脸上的情况这么严重，妈妈赶紧带着皮特去医院就医。在医生的询问下，皮特不得不说出自己去美容院用粉刺针挑出粉刺的事实。医生不由得抱怨皮特："青春痘是青春的标志，很多人想长还长不出来呢，像我们这个年纪的人，多么怀念长青春痘的日子啊！你应该把时间和精力用于享受青春年华，不要总是惦记着青春痘。也许，等你把青春痘彻底忘记，专心享受青春的时候，青春痘就悄无生息地溜走了。在脸上有丰富的毛细血管，如果挑粉刺的时候消毒不够干净，或者是在错误的部位，就会导致发炎，还会引起严重的后果，甚至危及生命。"听到医生说得这么严重，皮特再也不敢去美容院清理青春痘了。

长青春痘的时间长了，皮特也就不再为青春痘而烦恼，尤其是班级里，不但男生长出了青春痘，很多女生脸上也长满了青春痘。皮特暗暗想道：女生的脸上都有青春痘，她们那么爱美丽，我长点儿青春痘又有什么关系呢？后来，妈妈还为皮特准备了一些深层清洁的洗面奶和护肤品。在妈妈的调理下，皮特脸上的青春痘有所收敛，至少看起来没有那么面目狰狞了。皮特彻底忘记了青春痘的存在，他高兴地和同学们相处，快乐地成长。

很多青春期的男孩和女孩都会长出青春痘，这是体内激素的大量分泌导致的。对于青春痘，如果男孩和女孩怀着介意的心理，心情郁郁寡欢，青春痘就会越长越严重。反之，如果男孩和女孩能够怀着坦然接受的心理，尤其是男孩的爱美之心比女孩可是要差了一大截，所以男孩更容易接受青春痘的美丽。这样一来，随着心情愉悦，体质增强，男孩脸上的青春痘也会渐渐地好转。

也有少部分男孩的青春痘会非常严重，例如里面含有脓头的，在这种情况下，一定不要擅自处理，因为位于脸部三角区的青春痘，很有可能引发严重的感染，所以最好去医院让医生帮忙治疗，也可以采取服用药物的方式来缓解青春痘的严重情况。男孩一定要记住，青春痘是正常的生理现象，要做到接纳青春痘，也不因为青春痘的出现而心怀烦恼。

爸妈有话说：

青春痘只是你漫长生命中的一个小小插曲，你要正确对待青春痘的存在，要珍惜自己长青春痘的青葱岁月。这样，你在未来长大成人之后才不会因为蹉跎的青春岁月而后悔。想笑就高兴地笑吧，想哭就痛快地哭吧，当你拥有良好的情绪，相信你最终一定会战痘成功！

下体为何长胡子了呢

阴毛为人体的第二性征之一，在男孩长到十四五岁的时候，随着生殖器官的不断成熟以及身体内雄性激素的大量分泌，男孩的阴茎附近会逐渐地长出稀疏的阴毛。最初阴毛是比较稀疏的，颜色也比较浅，但随着男孩儿不断地成熟，阴毛的颜色会越来越深重，长得更加浓密，这都是生理周期的正常现象，男孩无需紧张。

有些男孩在细心观察之后会感到很纳闷，因为他们发现其他伙伴的阴毛可能非常浓密茂盛，但是他们的阴毛则相对稀疏，颜色也很浅。实际上，这与男孩体内雄性激素水平有关系，雄性激素水平越高，阴毛的生长越茂盛。此外也与男孩儿阴部毛囊对雄性激素是否敏感有关系，如果不敏感，则就不容易长出阴毛，如果敏感，则阴毛的长势会非常茂盛。

当然，阴毛并不是一夜之间长出来的。刚开始长阴毛的时候，男孩儿的阴部皮肤会出现小疙瘩，这些小疙瘩里面正在孕育着阴毛，在阴毛没有正式长出来之前，小疙瘩还会有一些发痒。等到阴毛非常努力地生长，如同草的种子一样，最终从地表窜出来的时候，发痒的情况就会消失，小疙瘩也自然不见。在青春期初期，男孩的阴毛只出现在阴茎的部位，到青春期后期，男孩儿的大腿内侧、肛门周围也会长出一些阴毛，这是因为男孩体内的雄性激素越来越多，所以导致毛发的生长越来越浓密。

很多男孩不知道为什么会生长阴毛，因而在看到身体上长出一毛之后甚至会感到非常厌恶。有些男孩儿偷偷地用剪刀剪掉阴毛或者用剃须刀剃掉阴毛，殊不知，越是用这种方法来控制阴毛的生长，阴毛的长势反而越发旺盛。当然，阴毛在人类发展的漫长阶段里之所以能够保留下来，是因为阴毛并非一无是处。对于人体而言，阴毛能够起到保护的作用，例如阴毛可以保护阴茎部位不与衣物之间发生摩擦，也可以吸收汗液，保持阴部干爽。这样一来，男孩可以保持阴部的健康卫生，让身体成长发育得更加良好。

最近，皮特总觉得自己的阴部非常痒，他认真观察之后，才发现阴部有了很多小小的疙瘩。皮特还以为自己患了皮肤病，但是，看到患病的位置这么特殊，他不好意思向爸爸妈妈求助，只好自己一个人默默地忍受着。有的时候，他洗澡时会特意用肥皂水多冲洗几遍阴部，但是，越是用肥皂水冲洗，阴部的瘙痒就越是严重。有一天早晨起床之后，皮特发现自己的阴部居然长出了很多黄色的绒毛。皮特感到很紧张，他觉得问题越来越严重，只好去向爸爸求助。

皮特告诉爸爸：“我好像生病了，因为我的头发长到了一个特殊的地方，这个地方本来是不应该长头发的，所以我觉得我可能是得了多毛症。”听到皮特的话，再联想到皮特进入青春期的种种表现，爸爸即使不查看皮特的情况，也知道皮特所指的是什么。为此爸爸笑着对皮特说：“皮特，你说的一定是阴毛。阴毛在最初长出来的时候是细腻的，时间久了，它就会长得越来越茂盛，颜色也会变得深一些。”皮特丈二和尚摸不着头脑：“阴毛是什么？”爸爸告诉皮特：“阴毛就是长在阴部的毛。随着阴茎不断地成长，你会发现在腹股沟也会长出阴毛。”皮特很尴尬地笑起来说：“但是这些有什么用呢，我觉得它让我感到很丢人。”爸爸笑起来说：“每个人都会长啊，男孩和女孩在青春期都会长出阴毛，这是进入青春期发展的第二性征之一。阴毛的作用很大，既可以保护你在行走的过程中阴部不会受到衣物的摩擦，而且可以保持阴部的干燥，这样一来才更有利于生理卫生。”皮特感到很纳闷，问爸爸：“那么有人不长吗？”爸爸想了想说：“极少数的人也会不长。”皮特问：“那既然是理所当然要长的，为什么有的人不长呢？”爸爸被皮特问住了，因而决定和皮特一起查资料解决问题。通过查阅相关的资料，爸爸和皮特最终知道：有的人之所以不长阴毛，或者阴毛非常稀疏，是因为他们患有无毛症。无毛症不是病，不长阴毛的人只要其他的性征都很正常，就无需为此感到苦恼。皮特笑起来，说：“看来长不长阴毛都会让人烦恼，那我能不能把它剃掉呢？”爸爸笑着对皮特说：“剃掉之后，它还是会长的，就像头发一样，而且会长得更加浓密粗硬，所以最好不要剃掉，让它自己自由地生长就可以。”皮特点点头。

的确有少部分男孩在到了青春期之后没有长出阴毛或者阴毛非常稀疏，这并不是一种疾病，只要男孩在性的其他方面发展正常即可。当然，长了阴毛的男孩儿也不要为此而感到耻辱，甚至拿出剃须刀将其剃掉，否则就会导致阴毛生长得更加浓密。

有了阴毛之后，男孩一定要注意青春期的个人卫生，在毛发丛生的地方，总会有很多的汗液、皮屑堆积，所以如果不讲究个人卫生，就会导致长出阴虱。阴虱是一种虱子，就像人的头上会长虱子一样，在阴部的毛发也会长出虱子，这必然会导致异常瘙痒。如果不小心感染了阴虱，一定要在第一时间就剃掉所有的阴毛，这样阴虱就没有空间可以继续生长。此外，为了避免患上毛囊炎等疾病，男孩还要穿宽松的衣服，如果总是穿着紧身的牛仔裤，则不但会把身体勒得很紧，没有办法通风，而且还会因为牛仔裤的布料太过厚重，对身体摩擦过度这也是不利于健康的。

爸妈有话说：

尽管阴毛长在人体的隐秘部位，但是阴毛对人体的作用却不容小觑。进入青春期之后，你们的身体发生了很大的变化，一定要注意保持干净卫生，这样才能够让身体健康地成长。当发现身体也有异常的时候，不要感到惊慌恐惧，要信任爸爸妈妈，也可以从书本上求得帮助，这都是很重要的。

怎样消除浑身的臭味呢

进入青春期之后，很多男孩都会发现自己从一个香喷喷的小可爱变成了一个臭哄哄的臭小子，这是为什么呢？青春期男孩儿为何会突然变得臭气难闻呢？这是因为青春期男孩比较喜欢运动，身体出汗特别多，也因为青春期男孩体内大量激素的分泌，导致他们的新陈代谢速度加快，因而他们的体味会变得更重。尤其是在天气炎热的夏天，浓烈的体味更是让他们成为一个行走的臭气弹，让他们感到苦恼不已。除了爱运动的男孩儿之外，体型偏胖的男孩也容易出汗，因而汗臭味也是很严重的。当然出汗并不是什么罪过，所以男孩儿要想消除汗臭从而得到他人的欢迎，就应该学会保持个人卫生。实际上，如果男孩勤于洗澡、更换衣服，即使汗臭味儿再浓重，也是可以通过清洁消除的。

出汗是人体正常的现象，每个人都会出汗，但是每个人出汗的气味却是不同的。有的人分泌的汗液并没有那么重，而且类似于乳品的气味，因而带有淡淡的香味，使人感到愉快。有的人分泌的汗液带有很浓重的臭味，这其实并不是汗本身的气味，汗液本身是没有气味的，而是因为汗液与皮肤表面的很多细菌皮屑等发生了作用，所以才会发出浓重的臭味。所以不要觉得只要出汗就会有臭味，否则就会误以为臭味是无法消除的。要知道出汗并非一定会有臭味，只要保持个人卫生，皮肤表面出汗就不会产生那么浓重的气味。

汗液的化学成分中，水的分量占到百分之九十九。除此之外，就是氯化钠等各种物质。很多男孩都会发现在人体的隐秘部位更容易出汗，而且这些部位的汗味也非常难闻。这因为这些部位往往容易积聚很多细菌，导致与汗液发生作用，所以气味非常浓烈。现实生活中，有少数人会有狐臭的情况，会导致体味浓重。要记住汗液与身体皮肤表面的细菌混合发生作用而产生的臭味，与狐臭的气味是不同的，狐臭是由内而外散发出来的，而汗液的臭味则是后天形成的。所以不要对于因为出汗而发臭的情况束手无策，而是要有的放矢地应对体味浓重的情况。

很多青少年都会感到纳闷，因为每个正常的人都会出汗，而且在人体的皮肤表层有很多细菌，那么为什么有的人出汗很臭，有的人出汗却没有难闻的味道呢？其实这与人的体质有密切的关系。从中医学的角度来说，如果一个人摄入辛辣刺激的食物，而他的肝脏解毒功能无法完全分解有毒物质，那么这些有毒物质就会随着汗液排出，因此很多肝功能不好的人出的汗都会有气味。从这个角度来说，如果能够保持健康的饮食，多吃蔬菜多饮水，那么就可以让汗液变得清爽一些，自然也就会消除异味。可见除了要保持干净的个人卫生之外，还应该保持良好的饮食习惯，这样才能由内而外变得干净清爽起来。

到了夏天，每次上体育课的时候皮特都会浑身大汗。和他一样，班级里的很多同学也都是大汗淋漓，但是其他同学的汗臭味没有那么重，而皮特一走入教室总是带着浓重的汗臭味儿，使得坐在他前后座位的同学都非常讨厌他。被同学嫌弃，使皮特也很苦恼，但是他不知道如何消除自己的汗臭味，因为他前一天明明已经洗了澡，而且每天都注意讲究个人卫生，为何一直臭烘烘的呢？

妈妈带着皮特去看内分泌科，医生告诉皮特，青少年的体味重是很正常的，因为青少年正处于生长发育的快速时期，身体内的新陈代谢速度加快，所以才会出现严重的体味。在这种情况下，青少年一定要更加积极主动地清洗自己，保持个人干净卫生，而且要多喝水，多吃一些蔬菜和水果，这样才能够让汗液的味道没有那么浓重。皮特听到有办法可以解决这个问题，感到很高兴，因此他让妈妈记下医生所说的那些能够减轻汗臭味的食物，从来不愿意吃冬瓜萝卜的他，现在愿意吃冬瓜萝卜了。在医生的建议下，妈妈还为皮特购买了止汗香体产品，这样一来，芬芳的味道就可以掩盖皮特的汗臭味，坐在皮特前后座的同学也不至于因为难闻的味道而厌恶皮特。

如今，各种各样的美容护肤产品层出不穷，为了解决困扰很多人的汗臭味，商家还特别推出了止汗香体产品。这些产品随身携带很方便，如果男孩的汗臭味比较重，在夏天的时候就可以为自己选购这样的一款产品，随时随地使用。当然，夏天是理应勤于更换衣物和洗澡的，那么到了冬天呢？虽然冬天流汗没有那么多，但是如果冬天不能做到及时更换衣物和洗澡，依然会有难闻的汗臭味。所以青少年要养成良好的个人卫生习惯，经常更换自己的衣物，保持身体干燥无异味，唯有形成好习惯，男孩儿才会不断地成长，才能够变成香喷喷的帅哥。

要注意的是，在洗澡的时候，男孩要尤其清洗腋窝、腹股沟等细菌容易滋生且很容易出汗的地方，通常情况下，浓重的汗臭味都是由这些部位散发出来的。男孩洗澡的时候无需用力地搓洗皮肤，因为搓洗会导致皮肤受到伤害，并滋生更多的细菌，只要用清水冲洗，再使用适当的沐浴护肤产品，就可以洗去身上的油脂和细菌。除了要勤于洗澡之外，还要勤于更换衣服，最好穿棉质的衣服，因为棉质的衣服比较吸汗透气，这样不容易让身体滋生细菌。尤其不要穿紧身的衣服，虽然紧身的衣服看起来很时尚，但是却并不利于青少年的身体健康。

爸妈有话说：

孩子，随着不断地成长，你身上分泌出来的汗液也会越来越多。在进入青春期之后，你就像是行走的荷尔蒙，走到哪里都会带着浓重的味道，其实这样的味道是正常的生理现象，无需过分紧张，也不要总是试图消除这种味道。只有接纳自己，你才能更好地爱自己。

为何突然长胖了呢

进入青春期之后，男孩迎来了人生长发育的第二个高峰时期。在人的一生之中，有两个生长发育的高峰时期，第一个生长发育的高峰时期是婴儿时期。众所周知，新生儿出生之后，在短短一个月的时间里就可以长高几公分，长胖好几斤。随着婴儿时期的结束，孩子的成长发育进入平缓的阶段。到了青春期之后，孩子再次进入成长发育的高峰期。青春期男孩不但会迅速地长高，体重也会激增，使得男孩变得越来越强壮。男孩在青春期，身体和心理上的发展变化都很迅猛，身体上的发展变化最明显的就是身高和体重的增长。很多男孩在进入青春期之后，在看到自己体重猛增的情况时都会感到非常恐惧，他们还以为自己要变成一个大胖子呢！实际上，男孩在青春期不但在长胖，而且也在长高。

专业研究机构调查之后发现，男孩在青春期之前，每年的身高增长大概在三到五厘米之间，而在进入青春期之后，每年的身高增长通常在六到八厘米之间。还有一些男孩生长发育的速度非常快，每年长高的速度达到了十到十一公分。在这种情况下，男孩就如同竹子一样节节拔高，与此同时他们的体重增长也变得更加快速。在青春期之前，男孩每年的体重增长大概在五公斤左右，而到了青春期之后，因为体格不断地成长，肌肉的比重也在增加，所以男孩每年的体重平均增长达到了六公斤左右，甚至有些男孩能够达到十公斤。总而言之，男孩正处于青春期身体快速发育的特殊阶段，作为父母应该为男孩提供足够的营养，否则，如果男孩只长身高，体重增长的速度跟不上，男孩儿就会成为一颗瘦弱的豆芽菜或者就像一根长长的竹竿，看起来总是在不停地摇来晃去。如果男孩身高体重增长的速度保持匀称，也就是说，身高在增长，体重也在增长，那么男孩就会身材匀称，长得挺拔而又强壮。反之，如果男孩的身高没有增长，而体重却不断地往上增长，就会变得又矮又胖，这样的话，对于男孩身材的保持以及身体健康的维护都是很不利的。

在成长阶段，大多数男孩的生长发育晚于女孩，这也就意味着在青春期，同龄的女孩显得比男孩更加成熟，她们的身高体重增长得更快。所以在长大成人之后，女孩也会比男孩更早地停止长高和增重，而男孩子可以再继续保持几年的时间长高和增重。也可以说，身高和体重的迅猛增长标志着男孩进入了青春期。通常情况下，男孩的青春期持续时间更久，因此男孩的身高比女孩更高，体重也比女孩儿更重。这也是男孩儿为什么显得比女孩更加高大强壮的原因之一。

进入高一之后，刘军发现自己在班级所有男生中是最矮小和最瘦弱的，他非常苦恼，常常问妈妈自己是不是不会再长高了。妈妈总是训斥刘军："别瞎说，早晚会长高的，放心吧！"就这样，怀着忐忑和自卑的心情，刘军经历了高一一整年，到了高二阶段，刘军发现自己的身高突然之间变得非常高，在一年的时间里，他就长高了十五分，而且体重也长了十二公斤。对于这样的自己，刘军感到非常可怕，有的时候他还会觉得膝盖有些酸痛。后来妈妈带着刘军去看医生，医生说刘军是因为长得太快了，所以才会出现缺钙的情况。医生让刘军多运动多晒太阳，也适当地补充钙质。这样刘军才放下心来，等到成长的飞速阶段过去，刘军发现自己从前只能坐在班级第一排，现在变成了始终坐在班级的最后一排。刘军既感到高兴又有些担忧，按照这样的速度成长下去，他到长大成人岂不是要两米多高吗？

刘军的担忧完全是多余的，因为进入到高三之后，刘军的生长速度明显缓慢下来，整个高三一年，刘军才长了五公分，体重也才增加了五公斤。对于现在的身高和体重，爸爸妈妈都觉得很满意，说刘军一定会青出于蓝而胜于蓝，远远超过爸爸的身高。

孩子的身高到底取决于什么呢？其中最重要的一个因素就是遗传。如果父母的身高比较高，则孩子的身高往往也很高，就像大名鼎鼎的姚明。姚明的女儿才八岁，就长得比很多成人还高，已经达到了160多公分。可想而知，八岁的女孩还会继续长下去，那么未来的身高将会有多高，只有等到实现时来给我们答案。除了遗传因素的影响之外，适当的体育锻炼也可以促进男孩儿的身高不断地增长，如果男孩觉得自己的身高不够高，且希望自己尽早发育，那么就可以进行一些全身性的体育项目，例如球类运动。经常进行向上引体动作也可以增强身体的协调性，对于长高是非常有利的。再如游泳能调动全身的每块肌肉运动，这也是有利于长高的。

在日本流传着一种说法，就是每天一杯奶改变一个民族。实际上众所周知，日本人是非常矮小的，为了能够长高，他们整个民族都坚持喝牛奶，由此可见，能否长高和孩子在青春期是否摄入了充足的营养物质也有密切的关系。男孩要想长高，一定要摄入充足的营养，不要挑食，这样才有利于身体发育。

当然，在青春期面对自己不断增长的身高和持续增加的体重，男孩要保持平静的心绪。很多男孩认为，自己突然长高长胖，是因为身体出现了问题，尤其是那些发育比较早的男孩，站在同龄人之中显得鹤立鸡群。实际上这是没有必要的，因为男孩长得高大强壮，才具有更强大的阳刚之气，所以即使比别人长得更高一些，这也是符合自然规律的，男孩无需担忧。其次，男孩儿要坚持体育运动，摄入充足的营养，增强体质，这样才能够不断健康地成长，才能在成长的过程中拥有美好的身材。在青春期，男孩身体发育非常迅速，自然也需要更多的营养物质，因而父母要注意为男孩提供充足的营养，这样男孩才能够摄入足够的营养，也才能够健康成长。

爸妈有话说：

如果你现在不想长高，那是因为太高的你站在班级里总是显得鹤立鸡群，这让你很尴尬。实际上，长得高还是矮或者是长得早还是晚都不是我们所能够决定的，而是身体素质等各方面综合因素的作用。因此面对自己快速增长的身高和体重，你无须感到紧张和羞愧，而是要坦然接受。你只是比其他同学早发育了一些而已，这证明你的身体状况很好。记住，不要再因为长高而烦恼，说不定有很多同学还在羡慕你的身高呢！

青春期男孩的乳房也会发育吗

通常情况下，男孩儿都以为只有女孩的乳房在青春期才会发育，高高地凸起，为此他们的眼光总是情不自禁地看向女孩高高的胸脯。那么，如果男孩的乳房也会进行发育呢？其实，青春期之中并非只有女孩的乳房会发育，男孩的乳房也会发生很多变化，只不过因为男孩的乳房发育变化比较隐性，外形也没有明显的改变，所以很多人就忽略了男孩在青春期中乳房方面的发育。有些男孩比较敏感，乳房发育得很明显，为此他们就会意识到乳房的变化。通常情况下，男孩儿的乳房变化包括两个方面。第一个方面是男孩的乳晕会变大，颜色变得更深。第二个方面，男孩乳头下面会出现有触痛的小结块儿，甚至会导致有些男孩的乳房也会有一些凸起。看到这样的情况，相信男孩一定会感到非常紧张：我不是男孩吗？难道要和女孩儿一样长出高耸的乳房吗？这当然会让男孩感到心惊胆战、焦虑不安。那么男孩的乳房为何会出现小结块儿呢？这主要得从乳房的构造说起。

乳房的主要组成部分是乳腺组织、脂肪和结缔组织。乳腺细胞的表面有一种特殊的结构，这种结构可以识别和接受雌性激素。雌性激素和乳腺细胞的受体产生结合，这样一来乳腺细胞的代谢更加活跃，乳腺细胞增生，从而使得乳房在发育之后变得高高隆起。这样的发育情况不但会出现在女孩身上，也会出现在男孩身上，很多人误以为男孩是不分泌雌性激素的，而只分泌雄性激素，其实不然。男孩体内只是以分泌雄性激素为主，但也会分泌少量的雌性激素。在雌性激素的作用下，男孩的乳腺细胞不断增殖，这样一来，男孩的乳房里就会出现小结块，触碰的时候还会有轻微的痛感。当然，男孩的乳房结块不会一直存在，而是在一年左右的时间就渐渐地消退，所以在发现乳房有结块的时候男孩一定不要感到紧张不安，更不要用手随便地揉捏结块，而应该顺其自然，等待乳房结块消除，否则就会伤害乳房的内部组织，导致乳房受到伤害。

近些年来，女性患乳腺增生的数量不断地增加，还有很多女性患有乳腺癌，很多人都误以为男性是不会患乳腺癌的，实际上也有极少数的男性同样会患有乳腺增生和乳腺癌。如果男性在度过青春期之后发现乳房突然增大或者有异常的感觉，一定要及时去医院就诊，这样才能够诊断病情，及时发现各种异常情况。

最近，刘军发现自己的身高和体重的快速增长，伴随着乳房也有了很大的变化。刘军知道女孩在青春期乳房是会高高隆起的，但是他没想到自己的乳房也会不断地发育，居然变得和女孩儿一样凸起，这让他感到惊恐不安。

一开始，刘军故意穿宽松的衣服，把自己的乳房盖起来，然而到了夏天，刘军总不能还穿着厚厚的衣服，渐渐地，他的异常被同学们看到，总有一些男生在私底下笑话刘军。为此，刘军感到很苦恼，也很无奈，只好向爸妈求助，请爸爸妈妈带他去医院检查身体，看看他是否会和女生一样长出高耸的乳房。到了医院之后，医生经过一系列检查，告诉刘军他的身体一切正常。刘军无奈地问："那我的乳房为什么会凸起呢？"医生对刘军说："你的乳房之所以凸起，是因为你的身体分泌了少量的雌性激素，所以你的乳房里才会出现小的结块，等到一年之后这些结块就会渐渐地消除。"刘军很尴尬："但是我们班里没有其他男生像我一样，他们总是嘲笑我。"医生说；"千万不要用手去揉捻和触碰这个结块，否则就会伤害乳房里面正常的结构组织。每个青少年在成长过程中都会有不一样的情况发生，唯有顺其自然，接纳这些情况，你才能快乐成长。”

每个人都是这个世界上的独立的生命个体，青少年在成长过程中的各种表现自然也是截然不同的。父母除了要给予青少年更好的照顾之外，也要关心青少年的身体发育情况，了解青少年心中所担忧的问题，这样才能最大限度帮助青少年调整好心态，给予青少年最好的成长。

有些青少年有些可能会受到乳房疾病的困扰，所以对于乳房的异常情况，也不容小觑，如果觉得有必要，可以及时去医院寻求医生的帮助。在医生诊治下，证明自己的身体发育是健康的，这样才能放松心情。如果父母也不了解青春期男孩儿在身体发育方面的特殊情况，那么就要引起足够的警惕，时刻关注青春期男孩的身体发育，给予青春期男孩最正确的指导和帮助。

爸妈有话说：

男孩也有乳房，这是因为乳房是人体必须具备的一个结构组织。青春期男孩在面对乳房的生长发育时，不要感到紧张，如果遇到问题，一定要及时地求助于爸爸妈妈，或者求助于医生，这样才能够避免伤害自己，才能够让自己真正健康快乐地成长。

体毛重没关系，这是成熟标志

在类人猿时代，人的身体上就有很多浓密的毛发，分布在人体的表面。随着人类不断地发展和进化，最终人体表面最明显的毛发只剩下头发和眉毛、汗毛和阴毛、腋毛和胡须。新生儿在刚刚出生的时候，就有头发、眉毛和汗毛。随着渐渐地成长，孩子的身体内不断地分泌出大量的激素，尤其是到了青春期之后，男孩会长出胡须、阴毛和腋毛。很多男孩在看到身体长出这么多毛发之后，都会感到很紧张，甚至觉得自己身上是不是出现了返祖现象，和老祖宗一样成了一只猴子。实际上，这是人体发育的第二性征，也是男孩不断成长、走向成熟的标志。面对身体的这种变化，男孩无需紧张，而应该坦然接纳。

体毛的发展有一定的规律，在最初长出的时候，体毛都是非常浅淡稀疏的，随着体内激素的不断分泌，男孩不断成长，体毛才变得越来越浓密粗壮，颜色也会逐渐加深。对于青春期男孩来说，他们体毛的发育比女孩相对晚一些。通常情况下，男孩先长出阴毛，然后在一年之后长出腋毛。体毛的生长，主要取决于人体内的雄性激素水平。很多人也许会感到奇怪，为何女孩儿也会有腋毛呢？这是因为男孩以分泌雄性激素为主，也会分泌少量的雌性激素；女孩以分泌雌性激素为主，同样会分泌少量的雄性激素。所以女孩和男孩一样都会长出腋毛。长出腋毛一年之后，男孩会长出胡须，他们的胡须会先出现在上唇两侧，先是淡淡的浅黄色的小绒毛，其后颜色不断加深。随着胡须不断地成长，它的生长范围也会持续扩大。在长出这些作为第二性征的体毛之后，进入到青春后期末期，男孩的身体上还会长出更多浓密的汗毛，有些男孩子汗毛特别多，甚至长在胸前、腹部、背部、肩膀、手臂等位置。这样一来，男孩看起来真的像一个类人猿一样。有些男孩因为腿上、胳膊上，以及胸部长的汗毛感到苦恼，甚至用剃须刀剃掉这些汗毛。实际上，汗毛的生长并不以任何人的意志为转移，一个人身上的汗毛是多还是少，毛发生长情况是浓密还是稀疏，取决于遗传因素，也取决于不同的种族。

男孩如果不能接受这些浓重的汗毛的存在，就会感到很苦恼，其实如果男孩能够坦然接受自己的生长发育情况，这些汗毛也并不是那么惹人讨厌的。浓重的毛发发育是每个人在成长过程中都要经历的，尤其是那些特殊的毛发，例如胡须阴毛等，都是男孩第二性征的显著标志，也代表着男孩的阳刚之气。这些汗毛的生长和男孩的身体发育情况相辅相成，不可改变，也有一定的规律性，所以男孩在发现自己体毛过多的时候，不要觉得自己是不正常的，更不要使用脱毛剂等方式来脱掉自己的汗毛，否则就会给身体带来伤害。

刘军觉得自己变成了一只强壮的大马猴，这是因为他不但身高快速增长，体重快速增加，而且身上长出了很浓密的毛发。面对这些毛发刘军感到非常苦恼，因为他觉得只有猴子才会浑身长满了毛，而人类的祖宗就是猿猴，他是不是返祖了呢？

有一天，刘军把自己身体长毛的事情告诉了好朋友，好朋友也很苦恼地说：“我和你是一样的呀，浑身也长满了毛，难道我们俩是两只从花果山底下跑出来的猴子吗？”听到朋友这么说，刘军忍不住笑起来。好朋友对刘军说：“既然咱们都长了这么多的毛，那我觉得其他男生可能也有这样的情况，不如我们问问他们的情况，如果他们的情况和我们一样，那么我们就无需担忧了。”对于好朋友的这个建议，刘军觉得很好，但是他也担心，万一其他的男生没有这么多的汗毛，大家会不会以怪异的眼光看着他们？因此，刘军决定还是先采取观察的方式看看其他同学的情况。经过认真的观察，刘军和好朋友都发现其他男生也有毛发浓密的情况，他们悬着的心终于放下来，再也不担心自己会变成猴子了。

每个人都有体毛，只不过每个人因为遗传、种族等各种因素的影响，体毛的浓密程度并不相同。青春期男孩处在快速生长发育的阶段，因为体内大量激素的分泌，在身体上的各个部位都会按照一定的顺序和规律长出毛发来，对于这种情况，男孩完全无须感到紧张。

当体毛变得越来越浓密的时候，青春期男孩就要更加注重自己的个人卫生，因为唯有保持干净和整洁，才能够让身体健康成长。很多男孩对于胡子的生长感到很苦恼，因为胡子是裸露在外面的，很容易被他人看到，因此他们会选择拔掉胡须的方式来解决问题。实际上，这种方式是错误的，因为拔掉胡须会伤害毛囊，当胡须长到一定程度的时候，男孩可以为自己准备一个剃须刀，因为毕竟胡须没有什么实际的用途，只要定期用剃须刀剃掉胡子即可。

爸妈有话说：

孩子，看着你的嘴唇长出了细密的绒毛，爸爸妈妈心里感到由衷的高兴，因为这意味着你已经从一个稚嫩的孩童长成了一个青涩的少年，很快你将会走向成熟，成为一个真正的男子汉。如果需要，你可以让妈妈为你准备一个剃须刀，记住，千万不要拔掉嘴上的胡须。

第06章

早恋是一朵带刺的玫瑰

早恋就像一朵带刺的玫瑰，散发出诱人的芬芳，却又长满了尖锐的刺。受到早恋的吸引，青春期男孩总是无法自制地去触摸玫瑰，也常常会被玫瑰上长满的刺深深地刺伤。这是为什么呢？正如人们常说的，爱情是造物主赐给人类最美好的礼物，很多青春期的男孩身心发育都不够成熟，他们因为性意识的觉醒和懵懂的冲动，而对异性充满好感，但是他们并不真正深刻地理解爱情，因此会在爱情上走入歧途。青春期男孩应该做好对自己的感情把控，爱是远远地观赏，而不是在过早的时间里靠近，如果能够把对异性的好感转化为积极上进的动力，则对于青春期男孩的成长会起到积极的作用。

男孩为何出现异性好感期

孩子在成长发展的过程中要经历三个阶段，在第一个阶段中，他们与异性之间是两小无猜的关系，彼此心意相通毫无芥蒂，在第二个阶段，他们会故意疏远对方。第二个阶段通常出现在小学中高年级阶段，这个时期孩子正处于儿童时期，他们已经形成了男女有别的意识，因而与异性之间不会有太多的交集。这个时期，女孩和女孩玩，男孩和男孩玩，是班级里的常态。然而，度过这个阶段进入青春期之后，男孩开始对异性产生浓厚的兴趣，并且开始关注身边的异性。为了在异性面前有好的表现，他们更加注重自己的穿衣打扮，更关注自己的外表，他们的言行举止也会有不同的表现。民间有句俗话，叫做男女搭配干活不累，指的就是异性相吸。在这种心理规律的影响下，男生和女生都很愿意在对方面前表现自己，因此，即使他们已经很疲惫了，但是为了给对方留下好印象，也会鼓足干劲。这就是异性之间的相互吸引在发生作用。

进入初中阶段之后，异性之间相互吸引的情况会有明显的表现。青春期男孩很喜欢那些温柔和善的女孩，他们会主动给女孩写纸条、写情书，也会勇敢地与女孩儿搭讪，甚至和女孩展开交往。当然也有极少数男孩对女孩表达好感的方式截然不同，他们对于自己喜欢的女孩会故意地调侃、捉弄，看到女孩生气的样子，他们会感到非常得意，这都属于异性效应。

有些男孩在意识到自身对于女孩儿的好感之后，会感到非常羞愧，甚至觉得自己这样对女孩生出异样的感觉是不好的行为。实际上，异性相吸在两性之间是很正常、自然的法则，青春期男孩对女孩产生好感也是正常的现象。男孩在感受到心中的异样感觉时不要有过分的罪恶感，否则就会导致自身的情感发展遇到障碍，变得扭曲。最好的方式是接纳和正视自己的感情，或者采取转移注意力的方式，把更多的时间和精力用于学习，这样一来，就可以避免因为对异性的好感而影响正常的生活和学习，也可以利用在异性面前好好表现的心态督促自己更加努力上进。

最近，刘军喜欢上了坐在他前排的女孩，原本他对于这个女孩并没有特别的感觉，但是升入初三之后，有的时候刘军还在上课呢，就会出神地看着女孩的背影。在没有人的时候，刘军还会幻想自己和女孩交往的情形。然而刘军表达自己对女孩喜爱的方式很特别，他特别想引起这个女孩的注意，所以总是捉弄女孩，有的时候会用东西夹住女孩的头发，有的时候会故意推女孩的板凳，看着女孩生气的样子，他的心里就得意洋洋。

女孩正式对刘军提了好几次意见，要求刘军收敛行为，但是刘军并未有所收敛，反而变本加厉。无奈之下，女孩只好找到老师，要求调换座位。

青春期男孩如何度过异性好感期呢？无论如何，采取捉弄女孩的方式是很不对的，因为这不利于维护同学之间的情谊，也不能给女孩留下深刻的好印象。首先，男孩要摆正心态，自然大方地与女孩交往，青春期男孩对女孩产生好感是正常现象，因此无须感到羞愧。如果男孩能够做到与女孩坦诚相见，在学习上相互帮助，那么这样的友谊就是值得赞许和提倡的。其次，男孩在女孩交往的时候一定要把握好分寸，留有余地，很多男孩不理解女孩的心思，在对待女孩的时候也像对待同性的哥们儿那样随意，殊不知女孩儿的心思是很细腻的，也很敏感脆弱，男孩在面对女孩的时候一定要谨言慎行，不要开那些低俗的玩笑，更不要随便与女孩进行肢体的接触。总之，男孩要与女孩相互尊重，平等对待对方，如此才能与女孩之间发展友谊。

爸妈有话说：

男孩喜欢女孩，这是很正常的现象，当你开始喜欢一个人的时候，就意味着你渐渐地成长，进入了青春期，也快要成为成熟的男性。喜欢一个人并没有错，重要的是要把握合适的时机，青春期男孩还小，应该以学业为重，可以与女孩发展友谊，但是不要与女孩轻易地尝试恋爱，毕竟青春期的恋爱是苦涩的，也因为彼此对爱情的了解不够深刻，心态不够成熟，所以很难取得圆满的结果。

为何一看到女孩就脸红心跳呢

在青春期对女孩产生好感的时候，有的男孩会选择向女孩表白，有的男孩则会故意捉弄女孩，还有的男孩一见到女孩就脸红心跳，无法顺畅地表达自己，这是因为男孩非常内向，所以才会在面对自己喜欢的女孩时产生这样的生理和心理反应。当然，这样的生理反应是完全正常的，男孩无须感到紧张局促，而要做到坦然面对。

男孩进入青春期后，性意识开始觉醒，他们意识到男生和女生是完全不同的，因此对于异性的存在，他们产生了非常强烈的好奇心，他们很想探索女孩的秘密，但是又不好意思直接询问女孩关于女性的一些事情，这使得他们在看到女孩的时候，内心会发生神奇的反应，感到非常紧张。当然，在这种心理状态之下，再见到女孩的时候，他们就会如同条件反射一般面红心跳，而完全无法控制自己的身心反应。

其实男孩之所以感到害羞，与他们想要掩饰自己内心真实的想法有一定的关系。很多男孩守着自己内心深处的秘密，不愿意让任何人知道，哪怕是他们喜欢的女孩，也最好不要知道他们内心真实的想法，为此他们才会非常害羞。那么作为男孩，如何才能减轻自身的反应，与女孩大方交往呢?

陈佩是刘军的好朋友，和刘军喜欢女孩就故意捉弄女孩完全不同，陈佩是一个非常害羞腼腆的男孩，每次看到喜欢的女孩时，他总是面红心跳，甚至无法说出一句完整的话来，总是迫不及待地就逃之夭夭了。对于陈佩这样的表现，刘军很着急，他不止一次地训斥陈佩："你为何不能大胆地表白自己呢？或者像我那样逗弄逗弄喜欢的女孩也是好的呀，也可以给她留下印象呀！"陈佩不以为然地对刘军说："我可不像你，你看看你喜欢的女孩儿都被你气走了，这下子她可不坐在你的前面了，我只想默默地喜欢她。"

班级里组织活动，正好老师点名，让陈佩和他喜欢的女孩一起当主持人。得到这样的好消息，陈佩非但没有欣喜若狂，反而还吓得赶紧去找老师推辞这个别人想要也得不到的好事。老师很纳闷：这可是一个锻炼的好机会啊，你平时里不是很喜欢当主持人也很愿意当众讲话吗？陈佩磕磕巴巴地对老师说："现在我可能不太喜欢出风头了。"老师说；"这可不是出风头呀，这是锻炼的机会，你要是错过了这个机会，下次也许就再没有这样的好机会了。"陈培斩钉截铁地对老师说；"反正我不想去当主持人，您还是找别人吧。"得知这件事，刘军气得够呛，大骂陈佩是一个胆小鬼。陈佩对此并没有加以辩解，他告诉刘军；"我也不知道是怎么了，每次只要一看到她，我就心跳加速，一句话都说不出来，这要是让我和她一起上台去主持节目，我可不得丢人吗？"

陈佩这是怎么了，为何平日里落落大方，现在却不能和自己心爱的女孩一起相处呢？其实，这是因为陈佩害怕别人觉察到他内心的想法，也是因为他非常喜欢女孩，因而在见到女孩的时候，就会情不自禁地发生生理或者心理反应。要想与心爱的女孩友好相处，就应该把女孩当成自己的同性去对待，和女孩进行交往。哪怕面对自己喜欢的女孩，初中生也不应与对方真正地谈恋爱，而要将其当作普通的同学。所以男孩只有摆正位置，才可以与女孩正常交往。其次，男孩看到女孩就脸红心跳，说明男孩过于羞怯。对此，男孩可以与更多女孩在一起相处，这样一来就让自己对于异性有了免疫力，再次看到喜欢的女孩的时候自然就不会再有这么强烈的反应。最后，男孩儿应该多多参加集体活动，因为集体活动中都是既有男孩又有女孩的，这样就可以找机会学习如何与异性相处，这对于增强男孩与异性相处的能力是很有好处的。总而言之，男孩儿要想对异性增强免疫力就不要总是逃避异性，反而要迎难而上，坦荡地与异性交往。

爸妈有话说：

男孩看到异性面红耳赤是很正常的，为了改善自己害羞的情况，你可以与更多的异性相处，也可以创造机会参加集体活动，这样一来，你就能够对异性产生免疫力，并真正把异性当成是好朋友去对待。当然，虽然要把异性当成同性朋友坦荡对待，但也要注意在异性面前言行举止还是应该有所收敛，毕竟女孩的心思很细腻，感情也很敏感，要照顾到女孩的情绪和感受。

女孩给我写情书了，这可如何是好呢

在青春期，很多男孩都会收到女孩的情书或者是传情达意的小纸条。有的男孩在看到这些情书或者小纸条的时候会如同拿到烫手的山芋一样，不知道该怎么处理才好。有的男孩子会洋洋得意，因为有人喜欢自己总归是一件好事情。还有的男孩儿心智发育不够成熟，会把这件事情公布开来，导致女孩非常被动和羞愧，使得原本可以变成好朋友的两个人反目成仇，彼此怨恨。

收到女孩的情书之后，在决定如何处理之前要先考虑很多问题。首先要确定自己眼下的最主要任务是好好学习，这样才能令自己的成长变得更加充实；其次，要知道青春期男孩与女孩之间的早恋并不是真正的爱情，而只是彼此的相互喜欢，如果把这样的感情变成相互鼓励，在学习上彼此支持，则对于男孩的成长是很有利的。在确定这两个基本原则之后，男孩儿就可以找出合理的方式应对女孩的表白。

一定要注意的是，最糟糕的处理方法就是不尊重女孩、无视女孩，把女孩的表白公之于众，这样一来会让女孩的内心受到伤害，也会导致女孩不知道如何继续面对男孩。由此，本来可以成为好朋友的两个人就会变得彼此仇视，这当然不是最好的结局。对于女孩的表白要委婉隐晦地拒绝，因为女孩的自尊心很强，感情也很敏感细腻，如果男孩直截了当地拒绝女孩而且不讲究方式方法，伤害了女孩的自尊心，女孩儿就会非常伤心。在做好这件事情之后，才可以和什么事儿都没有发生一样，继续与女孩当好朋友，把彼此的好感变成友谊，从而给彼此在学校里的学习生活增添色彩。

当然，有的男孩之所以会收到女孩的表白，是因为他们在与女孩交往的时候没有把握合适的度，给了女孩儿一定的误会和不存在的希望，所以女孩才会误以为男孩喜欢她，进而产采取主动的方式表白。在这种情况下，男孩要反思自己的行为举止有何不当之处，从而在拒绝女孩之后有效地改善自己的行为，避免再令女孩产生误会。

陈佩一直都没有向喜欢的女孩表白，反而还收到了另外一个女孩的情书，这让陈佩感到不知所措。

一个下午，陈佩正在学校里打扫卫生。有个女孩儿曾经向陈佩借了一本书看，这个时候，她把书还给了陈佩，脸上一片绯红。陈佩还很纳闷；只是还一本书给我，至于害羞成这样吗？只有见到喜欢的人才会感到害羞呀！女孩把书还给陈佩之后就赶紧离开了，陈佩直到回到家里收拾书柜的时候才把这本书拿出来，正当这时书中掉出一封信来，陈佩的心怦怦直跳。他赶紧拆开信来看，看到女孩在信上写了很多让他感到紧张的话。他一下子乱了方寸，不知道该如何回复女孩。晚上，爸爸下班回到家里，陈佩赶紧向爸爸求助："爸爸，你收到过女孩的求爱信吗？我应该如何回复呢？"陈佩把信给爸爸看，爸爸看了之后笑起来："这封信写得很好呀，感情很真挚。你想好怎么处理了吗？"陈培摇摇头，爸爸说，"你要知道喜欢一个人不是错，而是人家的权利，但是是否接受这份喜爱则是你可以决定的，你也喜欢她吗？"陈佩又摇摇头。爸爸说，"那么就当好朋友吧，你可以给她回一封信，在隐秘的时候交给她，你也在信里可以告诉她，她很优秀，但是你想以学习为重，这样一来她就能理解你的意思，也不致于伤害她的面子。"陈佩觉得爸爸说得很有道理，当即提笔给女孩儿写了一封回信。次日去了学校，陈佩在私底下把这封信交给女孩。之后，女孩一连几天看到陈佩都很不好意思，但是在陈佩依然落落大方和她做朋友的情况下，她渐渐地也调整好心态，和陈佩成了好朋友。

青春期的喜爱，总是让男孩、女孩的心里都如同揣着小鹿一般怦怦乱跳。遇到不喜欢的女孩儿写来的求爱信，男孩一定要采取合适的方式拒绝女孩，解决问题，尤其需要注意保护好女孩的颜面和自尊，唯有如此，才能圆满地处理问题。

青春期男孩虽然觉得自己已经了解了爱情，但实际上他们对于什么是真正的爱情根本不了解，如果不想过早地涉及感情，那么，男孩就应有效地拒绝女孩，这样也可以让自己在成长的过程中更加快乐。

爸妈有话说：

孩子，爱一个人不是错误，不管你是爱上了某个女孩还是某个女孩爱上了你，你们的感情都是真挚的。我们既要尊重自己，也要尊重他人，如果收到了女孩的求爱信，一定要理性慎重地对待，采取合适的方式去拒绝女孩。记住，切勿肆无忌惮地大肆宣扬，以免伤害女孩的心，也让同学之间的关系变得非常复杂。

当相思如同野草疯长

很多时候，是否喜欢一个人，往往很难轻松地由主观决定。尤其是那些正处于青春期的男孩，他们的心智发育不够成熟，人生经验不够丰富，当然也缺乏对于感情的深刻理解，更缺乏自控力，为此他们常常陷入感情的被动状态无法自拔。

当相思如同野草疯长时，男孩又该怎么做呢?

拒绝女孩之后，陈佩陷入了相思之苦中。他原本喜欢的那个女孩非常优秀，现在她成为了陈佩的同桌，为此陈配对她更加关注。每天他都会认真地给女孩擦桌子，有的时候还会给女孩带一份早饭。对于陈佩的表现，女孩只说他是中国好同桌，而丝毫没有领会到陈佩的苦心。为此，陈佩感到很无奈，却不敢表达自己。

和其他同学都盼望着周六日不同，陈佩最讨厌周末，因为每到周末，他就看不到喜欢的女孩了。他喜欢周一到周五每天从早上到晚上都可以和女孩坐在一起学习，因为有女孩的陪伴，他在学习上更加动力十足，从来也不叫苦，更不叫累，学习成绩居然得到大幅度提升。看到陈佩这样的表现，爸爸妈妈都很欣慰，当然，爸爸妈妈不知道陈佩的心。每当夜晚来临的时候，陈佩辗转反侧不能入睡，对于他来说，相思如同野草一般疯长，他根本无法忍受漫长的夜晚里看不到女孩的痛苦。为此陈佩提出周末要去学校里上课，做作业，他还邀请女孩和他一起组成互助小组。就这样，陈佩周末也常常往学校跑，这让父母觉察出一些异常。但是爸爸妈妈看到陈佩学习和生活都很正常，决定不去戳穿陈佩的小心思，他们更愿意陈佩在享受爱情的同时，也坚持努力和进步。

青春期男孩从此前对于女孩的敬而远之，到后来对于女孩产生兴趣，他们很容易就会遇到一个自己喜欢的异性，因而对对方产生好感。不管这样的喜爱是两情相悦，还是一厢情愿，对于男孩而言都是非常难得和可贵的。男孩很渴望能够与女孩相处，也非常愿意与女孩一起携手并肩，相互帮助，但是他们正处于特殊的青春期，虽然心中开始萌动性意识，也开始对爱情悸动，但是他们并不真正懂得爱情。对于男孩来说，当开始暗恋和单相思一个女孩的时候，思念让他们感到非常痛苦，实际上这正是青春期男孩情窦初开表现出来的正常情感。

对青春期的感情，男孩一定要把握好以下几个原则。首先，不要轻易地对女孩把自己的爱意表达出来。因为如果不表达，彼此还可以更加自然地相处，而一旦表达被拒绝，就连朋友都做不成。其次，为了控制内心的情感，青春期男孩要尽量减少与女孩的私下接触，这样才能够避免冲动的性行为，这不仅是为了保护女孩，也是对自己负责的态度。第三，在与女孩相处的时候尽量要在公开公众的场合，最好在他人的陪伴下，这样男孩才有更强的自我约束力，从而避免对女孩做出过激的举动。此外，男孩还可以多结交几个异性的朋友，因为与更多的异性相处，渐渐地就会冲淡男孩对于某一个异性的特别喜爱。最后，男孩可以采取转移注意力的方式，把注意力转移到其他的地方，这样一来，男孩就能发泄多余的精力，让自己减少胡思乱想。

相思就像疯狂的野草在男孩心中肆意蔓延，作为男孩，一定要保持理性和冷静，这样才能够以合理的方式控制自己对于女孩的思念和好感。最好的爱情一定发生在最美好的年纪，对于青春期男孩而言，此时品尝爱情显然为时尚早，男孩只有不断努力地进取，积极地提升自我，未来才有资格拥有最美好的爱情。

爸妈有话说：

在青春期，或许，相思会像野草在你的心中肆意蔓延。作为男孩，你一定要保持理性和冷静，这样才能够以合理的方式控制自己对于女孩的思念和好感。最好的爱情一定发生在最美好的年纪，对于正处于青春期的你而言，此时品尝爱情显然为时尚早。现在的你，只有不断努力地争取，积极地提升自我，才能在未来拥有最美好的爱情。

如何才能摆脱失恋的困扰呢

青春期男孩既要鼓起勇气追逐爱情，也要做好承受失恋打击的准备，因为他们也许无法如愿以偿地打动女孩的心，也因为青春期的爱情本来就是扑朔迷离的。当遭遇失败的时候，如何摆脱失恋的困扰，对于男孩而言是必须面对的问题，也是需要男孩鼓起勇气去承担的。

当然，当遭遇失恋困扰的时候，很多男孩都会一蹶不振。其实人生是漫长的，谁也不能保证自己此刻遇到的人就是一生之中对的人。也许在未来，还有更加优秀的女孩等着男孩呢，这可说不定！

好不容易鼓起勇气向心爱的女孩表白后，陈佩陷入了失恋的困扰之中，原来那个女孩早就已经心有所属，她压根不喜欢陈佩这种类型的。为此陈佩感到非常苦恼，在学习上曾经充满干劲的他如今总是感到很颓废沮丧，尤其是他和女孩坐同桌，这让他每天都感到难以面对。曾经，他盼望着每时每刻都能看到女孩，但是现在他只想逃避，再也不想见到女孩。然而，他们是同桌，他每天都要见到女孩，为此上课的时候他也总是心神涣散。

在这样的情况下，爸爸妈妈意识到了陈佩的异常，妈妈特意让爸爸去和陈佩沟通，了解陈佩的情况，然而陈佩不愿意对爸爸说出他的心思。当然，作为过来人的爸爸当然知道陈佩到底是怎么回事，因此在爸爸耐心的引导下，陈佩最终说出了自己的感觉。爸爸语重心长地对陈佩说："孩子，你还小，还不知道真正的爱情是什么。也许你现在觉得自己是真爱一个人，但是随着时间的流逝，你最终会知道爱情绝不像你想象中那么简单。这就是为什么很多初中生谈恋爱总是无疾而终的原因，其实不光是初中生，包括高中生谈恋爱都很难长久，因此你现在要做的是努力提升自己，而不要急于寻求爱情。你要相信，当你足够优秀的时候，最美的爱情一定会来敲开你的心扉。"

虽然陈佩还不太理解爸爸的意思，但是他很清楚爸爸说的是对的，为此他告诉爸爸：“我会努力控制自己的，我会认真地学习，我要让自己变得更加优秀。”经过一段时间的调整之后，陈佩终于从失恋的阴影中走出来，如今的他阳光开朗，也希望在最美的年纪遇到最好的爱情。

别说对于心理脆弱的青春期少年而言，就算是对于成人来说，失恋的痛苦也是很难承受的。尽管在成人眼中青少年的恋爱算不上真正的恋爱，但是在青少年的心目中，他们会认为自己是真正在恋爱，也会觉得自己的爱情刻骨铭心，因此一旦渴望的爱情消失，他们就会陷入深刻的痛苦之中，或者一蹶不振，或者心灰意冷，甚至对于所爱的女孩因爱生恨、故意报复。不得不说，这样的爱是扭曲的，也是非常幼稚且不成熟的。

面对失恋的苦闷，青春期男孩一定要保持内心的冷静，要知道，爱是两厢情愿的事情，而不是一方强烈地去爱就可以实现的，因而青春期男孩要更加理性地对待恋爱，也要勇敢地承受失恋的痛苦。

失恋的时候，青春期男孩可以积极地向父母倾诉，也可以向好朋友倾诉，这样可以排解压抑在心底的消极情绪，从而减少心理疾病的发生。很多男孩之所以在失恋之后做出报复行为，就是因为内心失去平衡，其实如果能够找到方法让内心保持平衡，他们就不会对对方由爱生恨。所谓金无足赤，人无完人，只要青春期男孩善于发现，就一定会看到自己喜欢的女孩身上也有缺点，这样一来，男孩对女孩的喜爱之情就会降低，也可以有效地帮助自己走出失恋的困境。

当觉得生活枯燥乏味的时候，青春期男孩不如主动转移自己的注意力，让自己做更多有趣的事情，这样一来既可以打发时间，消耗精力，也可以让自己在成长的道路上更加顺遂如意。当然，正如事例中陈佩的爸爸所说的，男孩只有足够优秀，才能等来最美好的爱情，所以男孩也可以化悲痛为力量，把失恋的痛苦转化为学习的动力，让自己努力前进。这样一来，当男孩足够优秀的时候，自然会赢得女孩的芳心。

爸妈有话说：

每个人都有属于自己的爱情，你的爱情也许出现得太早，因此，我们不必惋惜它的离去，而是要知道，只有在最美好的年纪里，才能拥有最美好的爱情，坦然接受失恋，才能让自己的内心不断地成长，让自己更加趋于成熟。

男生和女生之间有纯粹的友谊吗

关于男性和女性之间是否有真正纯粹的友谊，很多人都曾经进行过讨论，但是至今尚未有明确的结果，这是因为感情是非常微妙的，有的时候是友谊还是爱情，只有很细微的区别，所以只有当事人知道彼此之间的感情是怎样的，作为旁观者则很容易对这段感情产生误解。

青春期正处于对异性感兴趣的特殊阶段，很多青少年都喜欢与异性相处，这让他们感到非常欣喜。实际上，从心理学的角度来说，异性之间的相处，对于青春期孩子的成长非常有益，但是因为青春期之中孩子的心意正在萌芽，因此，青春期中异性之间的友谊还是要把握好合适的度，从而避免把友情与爱情相混淆，也避免因此而给他人留下话柄。

从本质的角度而言，青春期的异性之间产生的感情，大多数都是美好的友谊。因为他们对彼此有好感，也常常因此而走得更加亲近，但是这与真正的爱情相差甚远。很多青春期男孩对于感情的理解都相对浅薄，他们无法深刻地理解友谊和爱情，也无法准确地将二者区分清楚，因此如何界定彼此之间的感情对于青春期交往的异性来说是很重要的。尤其是对于男孩来说，一定要把握好与异性的情谊。很多男孩误以为异性对自己有好感，实际上他们只是被当做好朋友而已，因此在处理异性的关系时，男孩要更加理性，这样才能保证友谊地久天长。

小风和薇薇从小一起长大，他们两家住在同一个院子里，父母都是同事，因此他们是穿着开裆裤一起长大的。进入小学之后，他们恰巧分在同一个班级，又正好坐在同桌，彼此之间的关系就更加亲近起来。

在春游时，小风一直和薇薇走在一起，偶尔薇薇走不动时，小风还会非常体贴地拉着薇薇。春游即将结束的时候，薇薇突然发现发卡丢了，小风赶紧飞奔回去，原路返回顺着道路四处寻找，最终在路边的草丛里找到了薇薇的发卡。他兴奋地拿着发卡回来，看到这一幕的同学忍不住起哄："这对小情侣的关系可真是好啊！"听到这样的话，小风和薇薇都忍不住脸红起来，尤其是薇薇，甚至更羞愧地哭了起来。从那天后，薇薇就故意疏远小风，再也不愿意和小风一起上学放学，还特意找到老师把她和小风的座位调开。

原本两小无猜的友谊就这样在他人的肆意评价之中变得生疏起来，不得不说，这对小风和薇薇而言是很大的遗憾。其实，与同龄异性相处，对于青春期男孩的成长是有很大好处的。这是因为大多数男孩都会粗心马虎、性格急躁，而女孩的温柔细心恰好与男孩的性格形成了鲜明的对比，也可以进行互补。如果男孩经常与女孩相处，那么男孩就可以吸取女孩身上的优点，从而让彼此都获得成长和进步。

需要注意的是，友谊和爱情是截然不同的，友谊可以共享，爱情却具有明确的排他性。对于小风和薇薇而言，他们当然知道彼此的感情是怎么样的，但是，同学们的评价让他们有所顾忌。其实，他们无须完全按照同学们说的去调整彼此的相处模式，毕竟他们才是友谊的拥有者，而不是任何其他人。

古人云，人生得一知己足矣，实际上对于现代社会的青少年而言，大部分人都是独生子女，在各自的家庭里孤独地成长，如果能够相互理解和尊重，彼此之间建立深厚的友谊，实在是人生的一大幸事。所以哪怕你的异性友谊受到了他人的诟病，只要自己的心里是坦荡的，就不要有所畏惧。

爸妈有话说：

谁说交朋友就一定要交同性的朋友？异性的朋友反而可以起到性格互补的作用，能够更好地配合完成学习上的重要任务。所以即使你真的结交了异性朋友，只要你知道你们彼此之间是纯粹的友谊，爸妈就会支持你。

性幻想是正常的生理现象

什么叫性幻想？从生理学的角度来说，性幻想指的是人在神志清楚的状态下进行性方面的想象。这些想象带有自编自演的性质，而且具有鲜明的情节特征和故事片段，所以性幻想也叫白日做梦。青春期男孩为何会进行性幻想呢？这是因为青春期的男孩性意识不断地觉醒，性需求越来越强，因而他们会产生很强烈的性欲望。青春期男孩正处于特殊的人生成长阶段，产生这种欲望是完全正常的，很多男孩都有这种性幻想的情况出现，女孩也会出现。这是因为青春期的男孩和女孩已经萌发出性意识，但是却没有发生性行为，因此他们对于性的需求得不到满足，就只能通过想象的方式来满足自己。所以青春期出现性幻想，无需觉得自己很堕落很邪恶，而应意识到性幻想是正常的心理状态，从而接受自己这样的状态，并想出合理的办法分散注意力。

有一些青春期男孩因为受到报纸、杂志、电视、电影等的刺激，对于性的渴望会非常强烈，因此他们性幻想的次数也特别频繁。尤其是有些男孩有了心仪的女孩后，他们就会把女孩当成性幻想的主角，假想自己与女孩发生性关系，从而从精神上获得安慰。这与男孩的道德是好还是坏没有丝毫的关系，因此男孩在发生性幻想的时候，不要总是否定自己，更不要误以为自己是一个道德败坏的男孩。

当然，对于性幻想，男孩不能放纵自己，因为如果男孩长期沉迷于性幻想之中，就会陷入恶性循环。前文说过，男孩的性幻想是因为对于性的欲望无法得到满足才催生出来的，其实反之亦然，过度的性幻想又会加强男孩对于性的欲望，这样一来男孩很有可能在强烈的性冲动之下做出过激的行为和举动，产生过早的性行为。所以当出现性幻想的时候，男孩要接受这种情况的发生，更要采取适度的手段控制自己，例如可以采取转移注意力的方式让自己更多地投入体育运动之中，也可以把更多的时间和精力用于学习，这样一来就可以消耗多余的精力，进行性幻想的次数自然也就会大大地减少。

为了避免刺激自己进行性幻想，男孩还应该尽量减少接触与性有关的书籍报刊、电视电影等，这样才能够减弱对于性的渴望，避免自己因为性冲动而做出伤害女孩的举动。

一天，刘军正在网上浏览新闻，突然有一个网友给刘军发来一个压缩的文件，刘军想都没想就打开了文件，当即，文件里的那些赤裸裸的图片，让他感到受到强烈的冲击。他非常紧张，却又非常兴奋，忍不住面红耳赤地继续瞪大眼睛看着这些图片。为了避免被爸爸妈妈发现，他赶紧把房间的门关上。当天晚上，刘军久久不能入睡，他想到了自己喜欢的女孩，又想到了图片上的内容，一直沉浸在幻想之中无法自拔。

次日清晨，刘军起床的时候双眼浮肿，明显睡眠不足，妈妈看到刘军的样子很惊讶，还以为刘军身体不舒服呢。在妈妈的询问下，刘军搪塞着回答自己很好，妈妈感到很奇怪，就把刘军的情况告诉了爸爸。此后很长一段时间刘军都心神涣散，做什么事情都无法集中注意力，他总是想象自己和喜欢的女孩在一起，睡眠质量越来越差。在课堂上，他也不能集中注意力。得到老师的反馈之后，爸爸第一时间就和刘军进行沟通。刘军非常懊悔地告诉爸爸自己看到了不好的东西，爸爸得知情况之后并没有责怪刘军，而是对刘军说："刘军，这种情况是青少年很容易发生的，但是你要自觉地去避免这种情况的发生，因为你现在还小，没有长大成人，你把图片彻底删除掉，然后爸爸会带你进行更多有益的活动，渐渐地你就会忘记那些不堪入目的图片。"在爸爸的指导下，刘军彻底删除了图片，每到休闲的时候，爸爸就会陪着刘军一起去运动，或者爬山，或者骑行，渐渐地刘军终于把性幻想抛之脑后，又投入了充实的生活之中。

沉迷于性幻想会让青少年陷入迷惘的状态，甚至因为始终沉迷于性幻想而变得精神涣散，这对青少年的身心发展是极为不利的。要想避免性幻想，青少年就不能接触过多的性刺激，做好心理和生理卫生工作，在看到不好的图片和影视剧时，一定要积极地回避。此外，事例中爸爸所采取的方式也是很有效的，那就是转移注意力。很多青春期男孩都有精力过剩的现象，父母要引导他们把多余的时间和精力都用在正确的事情上，这样男孩才不会沉迷于性幻想。

当然，性幻想尽管要适度，却并不是糟糕恶劣的事情，也与青少年的品质无关。青少年不要因为有性幻想就抱怨自己，甚至否定自己。要正确认识性幻想，这是青春期出现的正常情况，这样才能避免始终否定和诋毁自己。

爸妈有话说：

随着不断地成长，你必然会面临更多的成长困境。必要的时候，要向爸爸求助，甚至可以告诉妈妈你的困惑，唯有如此，爸爸妈妈才能引导你正确地走过困境，从而让你的生活变得更加充实和精彩。

真正的男子汉会控制好性冲动

随着不断成长，男孩的身体渐渐发育成熟，心理上对于感情的渴望也更加强烈。因此青春期男孩一定要控制好性冲动，如此才能主宰自己。每个人都有很多本能的冲动，要想战胜这样的冲动，当然是非常困难的。正如一位名人所说的，每个人最大的敌人都是自己。因此，青春期男孩必须主宰自己，才能最大限度调整好心理状态，才能把握冲动的感情。

眼看着就要初中毕业了，同学们聚在一起就餐，刘军终于有机会和自己喜欢的女孩并排而坐，也因为喝了一点点酒，所以还没有成年的刘军有些昏头涨脑，看着女孩面色绯红，他突然产生了无法控制的性冲动，很想冲上去拥抱女孩、亲吻女孩。因为同学们在面前，所以他只能控制住自己的欲望。

聚餐结束后，刘军主动提出送女孩回家，女孩也答应了，看得出来，女孩对刘军也有好感。走到一条昏暗的小巷子里时，刘军突然抱着女孩，不顾女孩的反抗，就亲吻女孩。女孩很生气，好不容易才挣脱刘军的怀抱跑回家里去。刘军的心里就像揣着一只小兔子，他很担心女孩把这一切告诉父母，也担心会因此而导致严重的后果。但是一切既然已经发生，他只能回到家里，主动把这件事情告诉爸爸妈妈。爸爸妈妈听说刘军做出了这种混账事，当即狠狠地批评了刘军。爸爸看出来刘军很害怕，在深刻教育了刘军之后，又安慰刘军："事情既然已经发生了，咱们就要去面对，你最好给人家道个歉，毕竟你们同学一场。"在爸爸的建议下，刘军当晚就给女孩发了一条微信，真诚地向女孩道歉，并且诉说了自己在初中三年对于女孩的喜欢。女孩儿没有回复，刘军后来去学校里拿成绩报告单的时候，看到了女孩，女孩没有和刘军说话就走了。

青春期男孩在性冲动的影响下容易做出出格的举动，这是因为他们的性意识刚刚觉醒，性冲动非常强烈。尤其是当男孩有喜欢的女孩时，他们一旦有合适的机会，根本无法控制自己，所以，青春期男孩要理性地避免和喜欢的女孩单独相处，而应该在人多的场合和女孩交往，这样一来才能够对自己产生约束力，从而避免伤害女孩。

人之所以是万物的灵长，是因为人是有思维有理性的，青春期男孩一定要让理性占据上风，控制好自己的冲动，让自己成为身体的主宰，以理性约束好自己，这样一来，青春期男孩才能在异性面前有更好的表现。

要想避免陷入青春期性冲动的状态，首先，男孩一定要避免过多的性刺激，这是因为青春期男孩的情绪很容易激动，意志力相对薄弱。在性刺激强烈的情况下，男孩往往无法有效控制自己，也会导致性冲动变成切实的行动，乃至对女孩造成无法挽回的伤害。其次，青春期男孩可以与更多的异性和同性相处，尤其是要积极地参加集体活动。在集体活动的过程中，青春期男孩才可以学会与人相处，也才能够有效地控制自己。当然，最重要的在于提升自制力。

爸妈有话说：

正处于青春期的你，要为自己的人生制订明确的目标，并且规划自己的理想，这样，在遇到心爱的女孩儿时，你才能够保持理性，也才能够通过各种方式控制自己的言行举止，从而与女孩建立友谊。

第07章
每一分钱，都值得珍惜

对于青春期男孩来说，他们还不懂得挣钱，更不能在经济上实现独立，所以他们还需要依靠父母来生存。即便如此，男孩也一定要学会合理消费和正确理财。很多父母重视培养孩子的情商、智商，却忽略了孩子的财商。事实上，父母应当把理财作为孩子青春期课程的必修课，唯有如此，孩子才能够懂得珍惜父母辛辛苦苦挣来的每一分钱，才知道感恩父母，从而把父母给他的每一分钱都花得恰到好处，实现最大的价值。这样不但可以表现出对父母的尊重，同时也可以让男孩长大之后财商更高，并合理安排好自己的生活。

学会储蓄，才能积累人生的第一桶金

现代社会，很多家庭里都只有一个孩子，因此父母为孩子提供了最好的经济和生活条件，也给了孩子最优越的生存环境。在这样的骄纵和宠溺之中，孩子渐渐地形成了以自我为中心的思想观念，他们总是衣来伸手、饭来张口，从来不为生活感到烦恼，却不知道他们享受的生活条件都是父母辛苦努力挣来的。他们根本不知道父母有多么辛苦，因而没有感恩之心，而且对于金钱丝毫没有概念和意识，常常肆无忌惮地挥霍零花钱，然后等到囊中空空的时候再向父母索取。很多父母因为孩子不懂得珍惜金钱而感到烦恼，却不知道孩子之所以出现这样的情况，主要是因为父母在孩子小时候没有有意识地引导孩子，更没有培养孩子的财商。

对于青春期的孩子而言，把零花钱挥霍掉就再也没有财可以理，而且没并没有创造什么价值。相比起挥霍金钱，男孩如果能够把钱存起来，就可以让自己拥有一笔小小的款项，在需要的时候，通过合理地消费，创造最大的价值。比如，可以在父母过生日的时候，给父母送一份别出心裁的礼物，从而让父母感到惊喜，还可以利用存下来的钱参加很多社会公益活动，这样可以让自己的内心变得更加博爱和仁慈。总而言之，和胡乱花钱相比，把钱存起来好处多多。

如果青少年养成储蓄的好习惯，他们就可以积少成多，除了每年春节时数额可观的压岁钱之外，青少年在日常生活中还有一些零花钱。这些零花钱看起来数量不太大，但是只要整合起来，就是一笔不少的钱，所以孩子要学会积少成多、聚沙成塔，等到把这些小钱都聚集到一起，就变成了一笔可观的财富。在这样的过程中，青少年还能形成理财观念。父母为了促进青少年理财，还可以为青少年开设银行储蓄账户，这样一来青少年可以留下日常生活所需的零花钱，而把其他的钱都存到银行里，等到积攒到一定数量的时候，甚至可以让父母代为购买理财产品。在这样循序渐进的引导中，青少年不断地进步和学习，渐渐地就会形成正确的理财观念，也会因为储蓄而让自己在财务上实现相对的自由。

每年过春节，乐乐都可以从爸爸妈妈、爷爷奶奶、姥姥姥爷那里得到一笔压岁钱。每次拿到压岁钱，乐乐都会高兴地去买心仪的礼物，有的时候还会在网上充值打游戏。然而随着时间的流逝，乐乐手里没有任何积蓄。有一次，遇到同班同学过生日，乐乐想给同学送一份像样的礼物，却不得不张嘴向爸爸妈妈要钱。妈妈很纳闷地说："你不是有很多钱吗？"乐乐很惊讶："我没有钱呀！"妈妈说："你每年的压岁钱呢？还有爷爷奶奶每个月固定给你的一百元零花钱，你的钱都花到哪里去了呢？"乐乐想了想：我的确没有做什么了不起的大事情呀，也没有购买比较贵的东西，那么这些钱都去哪里了呢？思来想去，乐乐压根不知道压岁钱的去向。

妈妈为了表示对乐乐的惩罚，没有给乐乐额外的钱购买礼物，而是为乐乐预支了下一个月的零花钱。这样一来，乐乐在给同学买礼物之后根本没有零花钱可以支配，在一整个月的时间里，他都感到很难受，因为他必须控制自己不买任何东西。正是这次教训，让乐乐意识到储蓄的重要性。在有零花钱的时候，他再也不会胡乱花掉，尤其是在春节的时候，他主动把大额的压岁钱都存起来。为了支持乐乐，妈妈给乐乐办了一张银行卡，还给乐乐买了一个专门用于储存硬币的大金猪。就这样，乐乐从一个一无所有的“无产阶级”变成了一个有存款的人。在妈妈过生日的时候，他甚至花费三百元钱给妈妈买了一套基础的护肤品，给了妈妈莫大的惊喜。享受到自由支配金钱的快乐之后，乐乐认识到储蓄金钱的重要性，从此之后他养成了良好的储蓄习惯，这个好习惯想必会伴随他一生的时间。

人们常说金钱不是万能的，但是没有钱却是万万不能的，尤其是在现代社会，凡事都需要钱，很多时候没有钱就寸步难行。对于青少年来说，虽然有父母为他们提供衣食住行，但是难免会因为人际交往的拓展而有需要花钱的时候。如果遇到需要花钱的时候再向父母要，那么就会显得很被动，假如青少年能够在日常生活中有意识地储蓄金钱，让自己有小小的储备金，那么当青少年想要按照自己的心意去做很多事情的时候，就可以拿出这笔储备金，从而真正享受到财务自由。

让孩子学会正确消费，只是帮助孩子合理消费的第一步，在孩子做到这一步之后，更重要的是要引导孩子进行合理的储蓄，然后再让孩子进行简单的理财。很多父母都以为孩子还小，觉得不用引导孩子进行理财，其实不然，理财观念和情商智商一样，都需要从小培养，才能渐渐地养成。如果孩子小时候就养成了大手大脚花钱的习惯，长大之后怎么可能成为金钱的主人呢?

爸妈有话说：

孩子，你现在已经有了一定数量的可以供自己支配的金钱，因此，你要学会合理消费，有计划地储蓄和理财。只有成为金钱的主人，金钱才能更好地为你服务，反之，如果成为金钱的奴隶，你也许一生都会觉得自己很穷困。

自己挣钱自己花

青春期男孩正在不断地成长，在体型上接近成年人，虽然他们的心智还没有成年人成熟，但是在水平和能力上已有了一定的提升，包括社会交往的范围也在不断地扩大。因此，青春期男孩要想拥有更多的金钱，除了依靠过春节获得压岁钱以及平日里积攒零花钱之外，还可以采取以劳动换取金钱的方式为自己积累原始的第一桶金。

当然，青春期男孩还是未成年人，不可能去社会上打工，因为劳动法规定用人单位必须聘用十六周岁以上的劳动者。那么青春期男孩儿可以做哪些事情为自己赚取金钱呢？当家里进行大扫除的时候，除了做好分内之事之外，男孩还可以承包家里的某一项劳动，从而换取一定的报酬。再如，趁着节假日休息的时候，也可以去公开的地方做一些小买卖，这样一来，不但可以锻炼青少年的社交技巧，而且可以帮助青少年更加有勇气面对他人，更可以帮助青少年积累一些金钱，可谓一举数得。当然，青少年还可以把家里的废旧物品收集起来送到废品收购站去售卖，或者在人多的地方贩卖一些小商品，这样也可以赚取微薄的利润。如果是有一技之长的青少年，还可以进行投稿等智力脑力劳动，如果稿件被出版社采用，也可以换取一定的报酬。当然，感受以劳动换取金钱只是青少年的社会实践活动之一，而不是青少年的主要任务。青少年必须意识到自己的主要任务是努力学习，积极进取，而不能为了赚钱而耽误学习，所以赚钱只是帮助青少年加深对赚钱辛苦的印象，而不是让青少年舍本逐末，只知道赚钱，却忽略了学习。毕竟只有在学习好的情况下提升自己的技能，青少年才能有的放矢地获得更好的成长和进步。

在初步享受财务自由，感受到拥有金钱的好处之后，乐乐决定趁着暑假的时间去挣钱。除了在家里承包了一些家务，并且把家里所有的废品都收集起来去废品站售卖之外，乐乐还报名参加了小记者活动，因为他知道小记者活动每个周末都会在玄武湖公园门口卖报纸，这样一来，他就可以利用卖报纸的机会为自己赚取零花钱。

当然，对于乐乐而言，去卖报纸并不是一件简单容易的事情，毕竟乐乐还从来没有过卖东西的经验，尤其是当着那么多人的面。乐乐拿着从老帅那里领取的报纸在玄武湖门口叫卖，在被别人拒绝了好几次之后，乐乐有些沮丧，但是一想到自己要挣钱，他就只能再次鼓起勇气硬起头皮去卖报纸。用了半天的时间，乐乐才卖出去二十份报纸，挣了二十块钱。这时，乐乐想到自己在日常生活中总是向妈妈要零花钱，这些钱可都是爸爸妈妈辛辛苦苦才挣来的，他感受到了爸爸妈妈的辛苦，也对爸爸妈妈更加感恩。

有了第一次卖报纸的经验，在第二次卖报纸的时候，乐乐明显变得更加大方。他从害怕被拒绝到勇敢地承担责任，继续努力地叫卖报纸，期间经历了漫长的历程。乐乐很清楚，这样的进步对于他未来的成长有很大的好处，因此他带着积极的心态，在一个上午的时间里就卖出去了五十份报纸，挣到了五十元钱。乐乐激动不已，以前他吃一个冰淇淋就要十块钱，现在他拿着自己挣到的钱，却舍不得为自己买一个冰淇淋。看到乐乐这么“小气”的样子，妈妈心里却感到很欣慰，因为她知道乐乐已经深刻意识到了挣钱的不容易。她相信乐乐对于金钱会有更深刻的认识，也会真正把金钱用得恰到好处。

在培养孩子金钱意识的同时，父母也要意识到一个问题，那就是不要让孩子舍本逐末，避免孩子因为重视金钱而变得非常小气，不愿意花费金钱去做该做的事情。父母应该帮助孩子树立正确的金钱观念，告诉孩子金钱固然重要，却不是万能的，要想成为金钱的主宰，就要努力地提升自身的能力，这样才能真正驾驭金钱。

青春期男孩缺乏挣钱的经验，又因为年龄比较小，所以在挣钱的过程中一定会遭遇失败，受到很多挫折磨难。作为父母，要成为孩子最坚强的后援，要给孩子更多的鼓励和帮助，这样孩子才能够树立信心，自己挣钱自己花。在此过程中，孩子对于金钱的认知和理解会更加深刻，这对于他日后主宰和驾驭金钱有很大的好处。

爸妈有话说：

孩子，现代社会虽然没有钱是不行的，但是金钱却从来不是万能的，你固然要重视金钱，也要知道挣钱的艰难，却不能因为金钱而看低各种珍贵的情谊。只有把各种情谊牢牢记在心中，人生才是真正有意义的。你要记住，金钱是为人生服务的，而不是主宰和驾驭人生的。我们唯有成为金钱的掌控者，才能够让金钱为人生增光添彩。

当好自己的小管家

常言道，不当家不知柴米贵，对于青春期的少年而言，他们在父母的安排下吃喝不愁，生活优渥，因此从来不为金钱而发愁，更不会因没有钱而犯难。尤其是现代社会，大多数孩子都是独生子女，享有父母所有的爱，而且还享有爷爷奶奶、姥姥姥爷的爱。在父母和长辈无限的疼爱之下，孩子们很容易养成花钱大手大脚、浪费金钱的坏习惯。为了改变孩子浪费金钱的坏习惯，很多父母想了很多的办法却都没有效果。实际上，根据教育专家的建议，如果想让孩子真正懂得节约金钱，不如对孩子放手，让孩子成为小管家，这样孩子才会当家，才能知道柴米油盐都是非常贵的。在得到实际的经验和教训之后，他们就会更加珍惜金钱，也会合理安排金钱。

很多父母误以为男孩对金钱没有概念是天生的，实际上，每个孩子在出生的时候对金钱都没有概念，不仅男孩如此，女孩也是如此，而男孩儿之所以会毫无节制地花钱，并不是因为男孩生性就大手大脚，而是因为家庭的环境和父母的教养，还有男孩缺少自控力导致的。作为父母，要想引导男孩形成正确的金钱观念，就应该给孩子机会，让孩子真正地掌管家庭，体验到当家的辛苦，从而意识到要想把这个家当好，就要想方设法满足每一个人的需求，就要把一分钱掰成两半算计着花，而不能随心所欲、任性地胡乱花钱。在拥有当家的经历之后，男孩就不会再对父母索求无度，也不会任由自己的欲望不断地膨胀。渐渐地，他们对金钱肆无忌惮的坏习惯就会改掉，他们也能够成为金钱的主宰，让金钱为生活服务。

有些父母担心孩子当家会导致家里的生活变得非常混乱，对此，不如问一问这些父母：你们是希望孩子在当家的这一个月里生活很混乱，还是希望孩子在一生之中遇到金钱的时刻都很混乱呢？明智的父母当然愿意选择前者，如果付出一个月的代价能够换回孩子一生对于金钱的主宰和掌控，那当然是非常值得的。

一直以来，乐乐都盼望着自己快快长大，因为他觉得爸爸妈妈想买什么就能买什么，而无需担心金钱的问题，也不需要向别人要钱，所以他很羡慕爸爸妈妈生活的状态，也希望自己有朝一日可以成为家庭的主宰。看到乐乐花钱大手大脚的，妈妈早就想要帮助乐乐改掉这个坏习惯，因此妈妈对乐乐说："那么从现在开始，你可以当一个月的家，现在正好是暑假，就从7月10日到8月10号的时间，怎么样？我们这个家完全交给你来当，妈妈当家的时候，家里每个月的生活开销是两千五百元，现在由你来当家，妈妈考虑到你对于金钱的把控可能没有那么合理，所以愿意给你三千元的家庭基金，让你来负责整个家里一个月的吃喝拉撒等各种开销活动。"听到妈妈这样的安排，乐乐简直一蹦三尺高，他暗暗想道：真好，我可以吃自己想吃的美食啦！乐乐还没拿到三千元，就已经在梦想着自己可以随心所欲地满足需求，他简直快要等不及7月10日的到来了。

7月10日，妈妈如约拿来三千块钱交给乐乐。最初得到这三千块钱，乐乐兴奋不已，他在最初的几天里，每天都去超市进行大采购，每天都买大量的零食冷饮，还有他喜欢吃的鱼肉。就这样，才过去一个星期，他就已经把钱花掉了一千块。妈妈在询问花钱情况的时候，得知乐乐花了这么多钱未免感到担忧，她提醒乐乐："一个月有四个星期，还要再多几天。如果你在一个星期的时间里就花掉了一千块，那么可想而知，在剩下来的几个星期里，花钱就会很紧张，而且没有人知道剩下的几个星期里家庭是不是还会有额外的开销，比如说家里突然来客人需要去饭店吃饭，那么去饭店的钱也是要从家庭开销里出的。即使在家里做饭吃，也需要买更多的菜品和水果，开销当然也会更大一些。所以不要只考虑你有多少钱，而是要考虑一共要花出去多少钱。"面对妈妈的提醒，乐乐不以为然地说："没关系，还有两千块钱呢，只要省着点花，不买零食和冷饮完全足够了。"

七月底，老家的阿姨因为生病来到南京。为此，乐乐不得不负责接待阿姨的工作，原本家里每天吃菜和水果只需要一百块钱就够了，但是因为阿姨的到来，家里的饭菜水平需要提高一个档次，所以阿姨在南京的七天时间里，每天都需要花费一百五十元左右，乐乐偶尔陪着阿姨去医院，还得出打车的钱。又一个星期过去，乐乐手里只剩下几百块钱，这个时候还有半个月的时间没有过去呢！乐乐这才有了危机感，他很担忧剩下的半个月应该如何度过。可想而知，接下来的时间里乐乐开始节衣缩食，他每天都给爸爸妈妈做各种炒青菜，而很少吃鱼和肉，弄得爸爸妈妈对于生活水平的极速下降意见很大。乐乐每次只好赔着笑脸，说坚持一下吧，这个月很快就过去了。到了月底最后几天，乐乐每天只能供得起清粥小菜和馒头。爸爸妈妈知道乐乐已经囊中羞涩，而且知道乐乐还拿出了几百块钱零花钱贴补家用，不由得暗自觉得好笑。好不容易坚持到8月10号晚上，乐乐终于可以向妈妈交差。他如释重负地对妈妈说："妈妈，我一点钱都没有剩，还搭了三百块钱呢，我以后可再也不当家了。"妈妈笑着对乐乐说："你想不当家就可以不当吗？等以后你有了自己的家庭，没有爸爸妈妈为你打理各种事情，你只能自己当家，你要知道问题的根本原因所在，这不是当家的不当家的问题，而是你能不能把家当好，能否合理安排金钱的问题。"乐乐觉得妈妈说得很有道理，连连点头。

在成人之中，像乐乐这种当家的方式，纯粹属于不会过日子的。所谓不会过日子，就是在一个月的时间里，不能把固定的钱进行合理安排，而总是把钱花得乱七八糟，也许前半个月花钱很随意，到了后半个月则只能非常紧张，该花钱的时候都没有钱花。不得不说，这样的安排是非常不合理的，也不利于生活的持续进行。尤其是前半个月吃香的喝辣的，到下半个月吃咸菜喝粥，一定会让家里的其他人产生很大的意见，所以作为家庭主妇必须精打细算，而这恰恰是青春期男孩所不知道的。有的时候，青春期男孩还会因为欲望得不到满足而抱怨妈妈，只有让他们真正当一次家之后，他们才知道妈妈的辛苦算计是为了整个家庭生活。

每个家庭都有每个家庭的难处和不为人知的开销，在一个家庭里，家庭主妇对整个家庭的情况是最了解的。为了帮助男孩学会合理规划金钱，父母还可以引导男孩进行记账，知道家里的每一笔钱都花到哪去了。这对于帮助男孩节制消费是很有好处的。当然，男孩还应该未雨绸缪，在消费之前先做好计划，这样一来就可以专款专用，从而避免把钱花到乱七八糟的地方。

爸妈有话说：

在人生的过程中，你总有机会去当家。例如，当你大学毕业后，每个月领取固定的薪水，你要安排好自己的生活，等到你成家立业，你则需要安排全家人的生活。所以你一定要学会当家，学会成为金钱的主宰，学会合理地消费、储蓄和理财，这样一来，你才能成为金钱的主人，才能让金钱为你的生活服务。

男孩什么时候才能使用手机

现代社会，随着生活水平的不断提高，手机作为一种通讯工具已经越来越普及，有的家庭里人手一部手机，有的家庭成员还有两三部手机之多。因为这种趋势的影响，很多青春期的孩子也渴望拥有手机，或者有一部分青春期的孩子已经拥有了手机，特别是男孩，他们更喜欢手机，因为手机可以方便与同学的联系，还可以下载各种游戏，但是父母却感到非常困惑。青春期男孩儿正处于学习的关键时期，父母很担心有了手机之后会影响他们的学习，却又架不住男孩的软磨硬泡，父母又觉得如果不给男孩配备手机，会让男孩不开心或者觉得低人一等。在这种进退两难的情况下，父母应该如何选择呢？

作为一种通讯工具，手机给人的生活带来了便利和快捷是毋庸置疑的，原本人们之间彼此通信需要很长的时间才能进行一个来回的信息互通，有了手机之后，只要拨出电话，也许一分钟之内就能把想说的话说完了，这是效率的急速提升，对于生活的影响也是非常大的。但是如果青春期男孩不能控制好自己，在拥有手机之后没有让手机起到该有的作用，反而对学习和生活起到负面的影响，那么手机就是弊大于利。所以是否给男孩买手机，父母主要要斟酌男孩的自制力，考虑到手机给男孩带来的是生活与学习的便利，还是对生活与学习起到负面的影响，在确定这个问题的答案之后，父母才能决定是否给男孩买手机。

不可否认的是，青春期男孩的自制力有限，也许他们最初计划有手机的生活是非常节制的，只把手机作为通讯工具使用，而不会随便地玩手机。但是和简单枯燥的课程相比，手机无疑更吸引青春期男孩，所以很多男孩在有了手机之后，即使曾经信誓旦旦地说不会被手机影响，也会在不知不觉之中把更多的时间和精力浪费在手机上。如果没有把手机调成静音的模式，导致在课堂上手机突然响起，那么老师的教学秩序也会被干扰，同学们听课的思维也会被打乱。有些男孩在学习上占据劣势，为了以高科技手段作弊，他们还会用手机来发信息询问同学答案，这样的男孩最好不要拥有手机，因为他们无法有效地控制和管理自己，也会导致自己因为手机而惹上很多的麻烦。

从健康的角度来说，手机是电子产品，辐射在所难免。曾经有专家指出，儿童在使用手机的过程中会吸收更多的辐射，这是因为孩子的骨头和头骨造型与成人不同，所以手机辐射会对孩子造成更严重的伤害和影响，导致儿童出现头昏、头痛、记忆力下降的情况。此外，长期使用电子产品对孩子最大的伤害在于，会导致孩子产生近视的趋势，甚至导致近视的发生。还有些孩子在用手机玩游戏或者与朋友聊天的过程中患上了拇指肌腱炎，都是因为他们过度使用手机导致的。

在校园里青春期男孩，他们追求名牌，相互攀比，自从有了手机之后，他们最大的攀比就变成了手机的攀比。每个人都希望拥有最新款的手机，可以拿到同学面前表现出自己的优势，为此，他们总是不停地争先购买最新款的手机，也为此而向父母索要更多的金钱。不得不说，这给家庭的经济情况造成了严重的负担。甚至有一位初中生家长说，他的孩子每个月都要花几百元的电话费。由此不难看出，孩子是非常依赖手机的。其实对于青春期的孩子而言，他们与同学朝夕相处，很多事情都可以当面来讲，根本没有必要使用手机，而且还有的孩子利用手机玩游戏，在课堂上偷偷摸摸地玩儿，这样必然会使孩子的学习成绩一落千丈。总而言之，青春期男孩要戒骄戒躁，怀着一颗踏踏实实的心，把时间和精力更多地用于学习，这样他们才能度过学习的关键时期，未来才能创造自身的价值。

一直以来，乐乐都想要一部手机，当乐乐第一次提出这个要求时，他才读小学四年级，所以妈妈没有答应他。随着时间的流逝，乐乐升入六年级，开始独立上学和放学，妈妈考虑到联系方便，就给乐乐配备了一部手机。其实在买手机之前，妈妈也知道手机如果使用不当，会对孩子的学习和生活造成负面的影响，但是想到乐乐一直以来还是比较乖巧的也很听话，具有一定的自制力，所以妈妈就把自己用过的手机给了乐乐使用。

有一天放学，乐乐回家后便开始写作业，妈妈出于对乐乐的信任，并没有去检查乐乐作业的完成情况。然而两个小时过去，乐乐还没有完成作业，妈妈不由得感到纳闷，走过去打开门的那一瞬间，妈妈看到乐乐正在看手机。听到妈妈开门的声音，乐乐赶紧把手从手机上缩回来。妈妈走过去，拿起乐乐的手机，发现手机非常热，她忍不住问乐乐："你的手机为什么在发热呢？"乐乐假装无辜地看着妈妈说："我不知道呀！"妈妈告诉乐乐："如果你不能控制自己玩手机的欲望，那么我就只能没收你的手机。手机只有在长时间玩的情况下才会发热，如果这是你的失误，妈妈可以原谅你一次，但是这样的情况不要再发生。"尽管妈妈给乐乐下了最后的通牒，但是乐乐还是有两次玩手机的时候被妈妈发现，妈妈这才意识到，孩子虽然有自制力，但是自制力还是很弱的，所以他们在面对手机游戏的诱惑时根本无法控制自己。为此，妈妈卸载了乐乐手机上所有的游戏，并且规定，乐乐在非学习需要或者是通讯需要的情况下，坚决不许看手机，看到妈妈态度这么严肃，乐乐才有所收敛。

青春期男孩的自制力是有限的，父母固然要信任男孩，但是也不要过度相信男孩，因为这会导致对男孩失去监督。作为父母，最正确的态度是既相信孩子，也适度监督孩子，唯有如此，男孩才能控制好自己，才能够有效地使用手机。

爸妈有话说：

你虽然已经长大，但是还没有独立的经济来源，所以不要过度地追求享受生活，尤其是对于手机。手机并非是生活与学习的必需品，如果不需要拥有，那么就放弃这个想法，最重要的在于你必须好好学习，努力向上，将来才能够有好的人生，才可以得到更心仪的手机。

与同学互相请吃真的好吗

中国是一个讲究礼尚往来的社会，在成人之间，如果遇到有红白喜事，往往会以请客的方式宴请亲戚朋友以表达情意。中国社会一直以来的传统无可非议，然而，在青春期男孩的团体之中，如今也渐起请客之风，很多孩子模仿父母的样子，在遇到值得庆祝的事情时就会请周围的同学聚在一起吃喝玩乐，不得不说，这对于男孩的成长是绝对没有好处的。

除了有真正需要请客的理由之外，青春期男孩还会因为攀比等心态的影响，故意在同学之间发出邀请函请客。青春期男孩涉世未深，他们很容易受到歪风邪气的影响，在同龄人的群体之中也会出现随大流的行为，这样一来就会给男孩带来沉重的经济负担，也会导致家庭的经济变得紧张。尤其是在同学之间，如果因为请客的事情发生矛盾和争执，就会影响同学情谊。所以说青春期男孩完全没有必要请客，在人生漫长的过程中，孩童时代的友情是最为纯真纯粹的。青春期男孩不要让这样美好的感情掺杂上物质的因素，从而导致友谊破裂。

不知道从何时起班级里开始盛行请客之风，仅仅在月考之后的几天之内，乐乐就接到了好几个同学的邀请。这几个同学之中，既有考试成绩非常好的，也有要过生日的，还有的同学只是因为家里的房子大，所以想邀请同学们去家里玩。一开始，乐乐觉得这是同学们瞧得起他，所以总是积极地参与，还会拿出零花钱购买比较好的礼物送给同学，但是随着邀请越来越多，乐乐不由得感到头疼。这样一个月接受几个邀请，他的零花钱根本不够用，他不得不动用存款。乐乐暗暗想道：如果整个学期都这样延续下去，我简直要破产了。为此，乐乐感到非常苦恼。

自从努力挣钱之后，乐乐知道爸爸妈妈的每一分钱都是非常辛苦才能挣到的，因此他不愿意浪费这些钱。有的时候，他参加了其他同学的宴请，等到他考试考好的时候，那些同学就会直接要求他必须请吃哈根达斯冰淇淋或者请吃烤串。对于这样的请求，乐乐根本无力承担，但是他又不好意思拒绝，在进退两难的境遇中，乐乐觉得尴尬极了。

在青春期男孩的群体里，请客绝对是一种歪风邪气。青春期男孩彼此帮助、相互扶持，都出于纯粹的友谊，而不应该与物质产生任何关系。对于青春期男孩来说，为了请客而浪费自己为数不多的零花钱当然不值得，因此，不要因为不好意思就一次次地妥协。在应该拒绝同学邀请的时候，就要勇敢地拒绝，所谓吃人嘴软，拿人手短，当青春期男孩吃了别人的宴席后，那么，等到别人要求他宴请的时候，他就无法拒绝。所以青春期男孩要知道相互宴请并不能衡量同学之间感情是否深厚，唯有在遇到困难的时候相互扶持和帮助，才是真正的情谊。青春期男孩没有经济来源，需要依靠父母的经济支持才能生存，所以应该坚持节俭的原则，而不要因为想赚回面子就与同学进行攀比，更不要因为嫉妒他人就盲目地炫富。现代社会物质生活条件极大地提升，每个人都应该坚持勤俭节约，这样才能够把好钢用在刀刃上，把钱花在该花的地方。

其实除了物质上的宴请之外，青春期孩子之间进行交融的方式还有很多，例如可以与同学在一起阅读有趣的书，也可以和同学进行一场友谊比赛，诸如足球赛、篮球赛等，这些活动方式都是非常积极的，比请客更加环保，也具有可持续性。

爸妈有话说：

当你渐渐长大，人际关系越来越丰富复杂，你就要面对更多的社交问题。在这种情况下，你一定要坚持自己的原则，笃定自己的内心，而不要因为朋友之间盛行不正确的请客风气就盲目地从众，要知道真正的友谊从来不以物质标准去衡量，而是彼此之间心意相通，在关键的时候能够相互扶持和帮助，这才是最重要的。

给同学的生日礼物如何挑选

随着社会生活水平的提高，孩子的生活也发生了翻天覆地的变化，原本孩子们在一起两小无猜，根本没有那么多物质的影响和交往，但是随着生活水平的不断提升，孩子之间也会互相送生日礼物。原本一句简简单单的生日快乐就能解决的问题，至多再加上一张贺卡，或者一本书，到后来变成了价值不菲的生日礼物，不得不说社会上攀比、浪费等恶劣的现象，已经在青少年群体之中蔓延开来。

除了生日之外，一年之中还有很多节日都是值得庆祝的，如果开了错误的先河，用物质上的交流来代替心灵上的沟通，那么青少年就会被物质困住。如果把彼此之间的友谊深浅与礼物的轻重联系在一起，那么青少年之间的友谊就会变了味道，变得越来越世俗，充满社会上恶俗的气息。其实好朋友之间在于心意相通，志同道合，而不在于送给对方多么贵重的礼物，青少年要认清楚这一点，才能坦然地面对物质上的来往。

不得不说的是，青少年没有经济来源，无法在经济上实现独立，因此他们如果想赠送礼物给同学和朋友，就必须向父母索要金钱，这样一来，当青少年的交往范围越来越广泛，就会给父母造成沉重的经济负担。其实青少年送给同学什么样的礼物，并没有一定的标准，送得轻了，也许会担心影响与朋友之间的情谊，送得重了，则会导致自己和家庭都承受经济负担。此外，如果礼物送得不合心意，还会成为他人的累赘，但是如果完全符合他人的心意，说不定又会导致自己陷入经济的困顿。由此可见，给朋友同学送礼很容易使青少年进退两难。明智的青少年不会让自己陷入这样的困顿之中，而是会坚持以精神上的祝福来代表自己的心意，或者青少年如果想送礼物给同学，还可以送一些礼轻情意重的礼物，例如书籍，一个亲手制作的小礼物等。这些礼物有着很大的独特性，也代表着心意上和精神上的共鸣，所以更容易帮助青少年与朋友建立深厚的感情。

进入初中之后，乐乐发现同学之间的交往和小学阶段截然不同，小学阶段大家彼此之间都处于两小无猜的状态，相互间的交往很少牵涉到物质上的东西。但是进入初中之后，乐乐第一次过生日就收到了好几个同学送的礼物，而且其中有个同学的礼物还价值不菲。收到这样的礼物固然高兴，但是一想到等到同学过生日的时候，还需要把礼物还回去，乐乐未免感到压力山大。因为他自己辛辛苦苦才积攒了几千元钱的积蓄，只是过一个生日，就把这些积蓄都花出去了，虽然能收到礼物，但也要请同学们吃饭，而且未来还要还赠礼物给同学。为此，乐乐很勉为其难地接受了同学的礼物，他决定以后过生日再也不收礼物，而只收贺卡。

然而，就在乐乐下决心没多久，大班长就要过生日了，班级里的同学们都在商量着买礼物呢，乐乐感到很纠结，因为如果其他同学都送贵重的礼物，唯独他送了一张贺卡，那么班长一定会对他有意见。但是如果购买非常贵重的礼物，乐乐又不知道应该买什么礼物。思来想去，乐乐决定送给班长一套书籍，他知道班长很喜欢看书，所以买了一套经典收藏版的《红楼梦》送给班长。这套书价值二百多元，虽然没有其他同学的礼物贵重，却是最为独特的，班长非常喜欢这个礼物，而且号召同学们再赠送礼物的时候就送书籍，这样既可以显现出彼此的情谊，也可以让大家都爱上阅读，可谓一举两得。

当感情与物质扯上不可分割的关系，随着物质上的负担越来越沉重，人与人之间的感情其实反倒会变得淡漠。青春期男孩一定要树立正确的价值观，不要以礼物的轻重来衡量自己与其他同学之间的感情，而应该更加注重感情上的共鸣。

送礼物并非越贵重越好，有的时候即使价值没有那么昂贵的礼物，如果送到对方的心坎里，也可以起到最好的表达效果，所以礼物是要送的，但是要做到与众不同，能够彰显自己的独特之处，这样彼此的感情才会变得更加深厚。

爸妈有话说：

过生日的时候，不要梦想着希望收到其他同学非常贵重的礼物，因为礼物越是贵重，就越是意味着你们之间的情谊并没有那么深厚。真正真心的朋友不会在乎礼物的轻重，而是会以小小的礼物来表达自己内心深处真挚的感情，有的时候哪怕是一张贺卡，上面写满真情话语也足以打动人心。

穿名牌不能让你高大上

在很多人的观念中，觉得一个人只有穿得起名牌的服装才能证明他有经济实力。常言道，人靠衣裳马靠鞍，对于很多缺乏自信的人而言，似乎只有穿上名牌，才能提升自己的气质，满足心理上的需求，才可以给他人留下好印象。其实对于大多数普通人来说，完全没有必要盲目地追求名牌，因为名牌的奢侈品价值昂贵，与普通人的生活并不相配，只有少数拥有大量财富的人可以自由地购买名牌服装，而对于大多数普通的工薪阶层来说，与其倾尽所有地购买名牌服装，不如把钱花在更值得花的地方，从而提升生活的品质，让自己的生活更加丰富精彩。

随着社会生活水平的提高，奢侈品消费的势头也越来越猛，那些名牌服装在价格上非常高，甚至比普通服装贵成百上千倍。青春期男孩在成长的过程中，会接触越来越多的人，他们在无形中就会受到他人的影响，也会盲目地追求名牌。如果家庭的经济条件没有达到一定的水平，却把所有的钱都用来购买名牌服装，不得不说这是很失策的决定。对于青春期男孩来说，要学会把好钢用在刀刃上，要把家里的每一分钱都花在值得花的地方，与其把名牌挂在身上向别人标榜家里的经济条件非常优渥，不如用这些钱去努力提升自己，增强实力，让自己内心变得更加强大。这样一来，反而能够得到他人的刮目相看。否则只有一个名牌的外壳而内心空虚，这样的男孩儿是不值得他人尊重和认可的。

此外，盲目地追求名牌很容易给父母造成严重的经济负担。本来父母只需要买普通的衣服给男孩穿，可以用省下的钱来做更有意义的事情，进行家庭建设，但是如果男孩盲目地追求名牌，不断地向父母索要更多的钱，就会导致父母特别被动。所以青春期男孩一定要摆正心态，不要以物质作为衡量自己的标准，也不要试图以名牌来标榜自己的身份和地位。

作为父母，当发现青春期男孩非常看重物质需求的时候，要对男孩进行正确的引导。如果男孩不知道挣钱的辛苦，父母也可以让男孩亲自去挣钱，感受父母的辛苦，感恩父母，这样一来，男孩就不会对父母继续提出苛刻和过分的要求。

自从进入初中之后，从来不讲究穿着的飞飞突然就像变了一个人，对于妈妈给他买好的很多衣服，他都不愿意穿，而是坚持要穿自己选中的名牌服装。有一次，飞飞和妈妈一起逛商场，看中了一双名牌的运动鞋。这双运动鞋要一千多块呢，妈妈根本没有带那么多的钱，而且也舍不得购买这么贵的运动鞋。妈妈劝说飞飞："飞飞，这个运动鞋要一千多块，其实有一千多块钱，完全可以给咱们一家三口每人都买一双像样的鞋子，只不过是不带名牌而已，但是鞋子的质量也是非常好的。"对于妈妈的话，飞飞不以为然，他说："你买二三百块钱的鞋子看起来也许是一样的，但穿起来绝对不一样，就连别人看你的眼光都不一样。我宁愿每年只买一次鞋子，也要买名牌。"妈妈无奈，对飞飞说："怎么可能一年只买一次鞋子呢？你的脚长得那么快，而且鞋子穿着穿着就太脏太臭了，需要有其他鞋子换洗。我觉得你不如就买一双普通的鞋子，这样还可以省出钱来给爸爸妈妈分别买一双差不多的鞋子呢！"飞飞生气地对妈妈说："你要是买不起就不要买了，我宁愿光着脚去上学！"

看着飞飞固执的样子，妈妈无可奈何，只好打电话给爸爸，让爸爸送钱过来给飞飞买下这双运动鞋。穿着这双运动鞋，飞飞并不感到满足，他觉得自己的衣服都是土掉渣的，因而又开始向妈妈要名牌的运动服。妈妈对于飞飞的欲望实在感到很无奈，也根本没有能力满足飞飞，但是飞飞坚持说班级里的其他同学都穿名牌，如果他不穿就会被别人看扁。

飞飞的观点完全是错误的，不是别人把他看扁，而是他缺乏自信，需要有名牌来支撑他的心灵，所以他才坚持穿名牌。实际上对于一个内心笃定的孩子而言，是否穿名牌并没有那么重要。因为穿了名牌，如果不能够在各个方面都出类拔萃，还是会有各种原因令其感到自卑。反之，如果男孩充满自信，不但学习成绩很好，而且各方面的能力都很强，那么，就算不穿名牌，他也会得到同学们的认可和赞赏，这才是真正实力的展示。

青少年一定不要盲目地追求名牌，否则一旦陷入追求名牌的误区之中，就意味着青少年的心理状态发生了改变。父母要引导青少年消除虚荣心，不要与他人攀比。对于青少年而言，只有拥有足够的自信，活出精彩的自己，而不要总是盲目在乎别人的评价，才可以摆脱名牌的禁锢。

爸妈有话说：

孩子，在你的身边也许有很多人穿名牌，但是我和爸爸都是普通的工薪阶层，没有那么多钱给你买名牌。不过，我和爸爸愿意付出所有给你最好的教育和引导，让你成为一个内心善良、品行端正的人，我们认为这才是给你的最好礼物。

第 08 章

生活有禁区，尝试需谨慎

青春期男孩对生活怀着强烈的好奇心，他们有太多想要尝试的事情，也想要突破和超越自我，但是他们的好奇心过于强烈，往往会被引入歧途，例如在社会上有很多会对青春期男孩产生诱惑的不良行为，如抽烟、喝酒、黄赌毒等，一旦沾染，就会给青少年的成长带来严重的负面影响，因此青春期男孩一定要爱惜自己，避开这些生命的危险禁区，这样才能对自己更负责任，让自己获得更好的成长。

男孩不可不知的抽烟危害

抽烟是对身体有百害而无一利的行为，但是很多青春期男孩对抽烟有错误的认知，他们认为只有真正的男子汉才会抽烟，实际上这种观念很糟糕，会把男孩引入非常危险的行为之中。

男孩正处于快速成长的阶段，在青春期，男孩身体的各个部位都处于飞速发育之中，烟草中的有害物质会伤害男孩的身体器官。与成人抽烟相比较，青春期男孩抽烟会受到更大的危害，甚至导致成长受到阻碍。曾经有医学家经过专门的调查研究，结果显示一个人越早开始抽烟，就越容易患上肺癌导致死亡。因此青春期男孩一定要控制好自己，不要在不该触碰烟草的年纪里染上抽烟的坏习惯。即使长大成人，也要远离烟草，保护好健康。

青春期男孩正处于学习的关键时期，抽烟还会损伤男孩的大脑，导致男孩大脑缺氧，思维迟钝，记忆力和思维能力都大大减弱。而且香烟中的尼古丁是神经毒素，会侵害男孩的神经系统，导致男孩患上各种各样的疾病。很多男孩都不知道抽烟还会导致视力低下，患上烟草中毒性弱视，如果这种病症发展严重，还有可能导致男孩失明。由此可见，抽烟有百害而无一利，因而男孩一定要远离香烟，不要被香烟所诱惑。

一个周末，爸爸妈妈都去单位加班，只有马力独自在家里。写完作业之后，马力就开始看电视，在看电视的过程中，马力看到自己最喜欢的男演员做出了一个抽烟的动作，马上被吸引住了，同时心中产生了强烈的好奇：抽烟到底是一种怎样的感受呢？对于一个男人而言，这样抽烟真是酷毙了。想到这里，马力马上翻箱倒柜，找出爸爸专门用来接待客人的香烟，也点燃了一支烟，坐在沙发上跷起了二郎腿。才抽了一口，马力就被呛得咳嗽起来。

正在此时，爸爸回来了。看到马力在抽烟，爸爸很生气地质问马力："你怎么就不学好呢？"马力不置可否地对爸爸说："我看到来客人的时候，你也会陪着客人抽烟呢！"爸爸被马力的这句话问住，不知道如何回答。他想告诉马力，这只是一种人际来往，但是，陪客人真的可以作为抽烟的正当理由吗？爸爸也感到很困惑。

要想让青春期男孩不抽烟，爸爸就要为男孩做出表率，不要在男孩儿面前抽烟，最好是彻底戒掉香烟。正如事例中所说的一样，即使家里来了客人，难道爸爸就有资格和客人一起抽烟吗？抽烟是对身体有百害而无一利的行为，因此，每个人都要坚决地抵制香烟，而不要因为任何借口去抽烟。

青春期男孩的模仿能力很强，当看到爸爸在抽烟时，他们就会理所当然地认为自己也可以抽烟。然而，抽烟对肺部的损伤很大，青春期男孩如果沾染上烟瘾，那么未来罹患肺癌的概率就会大大增加。因此，青春期男孩不要因为任何理由去尝试抽烟，而要像远离毒品一样，远离香烟。

爸妈有话说：

孩子，如果你想拥有健康的身体，如果你想未来在绿茵场上快速地奔跑，尽情地运动，就不要沾染香烟。因为香烟中的有害物质不但会伤害你的肺部，而且会损伤你的逻辑思维能力，损伤你的视力，总之，对你身体的每一个部位，香烟都没有任何的好处。此外，烟草对于人全身的肿瘤都有刺激作用，所以，你一定要远离香烟。

酒壮英雄胆还是狗熊胆

嗜好烟酒的人都会说诸如烟酒不分家之类的话，很多人不但抽烟，而且喝酒。作为家长，如果父亲在男孩面前表现出抽烟喝酒的恶习，那么男孩往往也会因为模仿父亲而沾染喝酒抽烟的坏习惯。在现代社会，青少年酗酒已经成为一个不容回避的问题。曾经有一个机构专门对大中学生进行调查，发现有相当比例的学生都有饮酒的历史或者有过饮酒的经验。然而，男孩正处于身体的快速成长阶段，过度饮酒或者对酒精形成依赖性，对于身体的危害是非常大的。

饮酒会导致人体缺乏营养素，阻碍青少年的健康成长，还会导致高血压，加速动脉粥样硬化的形成，最终引起心肌梗死和脑出血。饮酒会使青少年性成熟的时间延后几年，强烈的酒精还会刺激青少年的消化道系统，使消化道系统发生炎症或者产生癌变。此外，酒精对于肝脏的危害非常大，因为酒精是有毒性的，人体需要用肝脏来分解酒精，因而长期饮酒会使青少年的肝功能遭到破坏。最直接的危害是让青少年在酒精的麻痹下变得思维不清醒，注意力涣散，这样一来青少年还如何能集中精力去学习呢？在酒精的刺激下，青少年还会失去理性，做出过激的行为举动，甚至危害自己和身边的人，这样的结果是青少年无力承受的，因此青少年一定要远离酒精饮品，拒绝饮酒，始终保持清醒和努力向上的生活态度。

自从第一次尝试抽烟之后，马力对于抽烟的印象很不好，因为香烟呛得他不停地咳嗽，所以他很不明白，爸爸和那些来找爸爸谈论事情的客人，为何都那么喜欢抽烟呢？他们不但抽烟，还常常聚集在一起喝酒，看着喝得东倒西歪的爸爸，马力不知道酒精为何有这么大的魅力，居然能够让爸爸沉迷其中无法自拔，哪怕是妈妈和爸爸吵架，也不能改变爸爸对于酒精的迷恋。因此马力想道：总有一天，我也要尝试一下喝酒的滋味！

暑假的时候，马力回到奶奶家里，有一天，奶奶和爷爷去走亲戚了，马力独自在家。趁此机会，他拿出爷爷平日里喝的高度高粱酒，喝了一杯。喝第一口的时候，马力被酒辣得直吐舌头，他不得不找出奶奶腌的咸菜吃了一大口，这才算把酒的辣味压制下去。喝第二口的时候，马力没有那么冲动，他慢慢地品着喝了一小口，随着辛辣的酒沿着食道缓缓地流入胃里，马力觉得自己的脑袋也昏昏然起来，感到心情很好。马力感到很神奇，他又喝掉了剩下的半杯酒，就昏昏沉沉地睡着了。那种半醉不醉的感觉，让他很迷恋，他暗暗想道：难怪爸爸这么喜欢喝酒呢，原来喝酒的感觉这么好呀！

暑假结束，马力回到家里，又开始了每天去学校上学的生活。在与同学们相处的时候，他再也不会以不会喝酒为由拒绝其他同学的劝酒，每当同学之间聚会时，他总是豪爽地和同学们干杯。有几次，爸爸妈妈发现他喝酒后严厉地训斥了他，他却不以为然，还说同学们都喝酒。在一个同学的生日聚会上，马力因为喝了太多的酒，导致胃出血，被同学们紧急送进了医院抢救。

很多青春期男孩之所以爱喝酒，其实是英雄主义情结在作怪，尤其是在酒桌上和其他同学推杯换盏，使他们觉得自己瞬间变得成熟和高大起来，这样的感觉是他们所迷恋的，所以他们总是不由分说地喝酒，也总是和其他同学行酒令。不得不说，沉迷于酒精对于青少年的身心发展来说是非常糟糕的。

能否喝酒从来不是衡量青少年是不是男子汉的标准，真正的男子汉，不会用抽烟喝酒的方式装酷，他们的内心从容自信，不会因为别人做什么，就人云亦云，盲目跟风。

爸妈有话说：

孩子，虽然说酒壮英雄胆，但有的时候酒也会使人变成狗熊，只知道胆大妄为，也不能够进行理性的思考。你现在正处于人生成长的关键时期，身体的发展很快，感情和心灵却不够成熟，所以你应该理性地对待酒精。过度饮酒甚至会危及生命，你还是个孩子，应该做到滴酒不沾。即使长大成人之后，你也不要依赖酒精，因为酒精对人体的危害很大。

远离黄色诱惑

在青春期，男孩的性别意识开始觉醒，与此同时，他们的自制力很差，意志力也比较薄弱。在这个特殊的阶段，如果总是接受性刺激，男孩就很容易做出失去控制的事情。

性意识的萌动，使得青春期男孩会情不自禁地看一些关于性的书籍，浏览关于性的网站等，从而满足自己对于性的幻想。如果性幻想过于频繁地发生，会导致男孩的身体发育受到伤害，所以，为了避免频繁地进行性幻想，男孩应该有筛选地阅读书籍和电视节目，从而避免遭到太多的刺激。同时，男孩可以采取转移注意力的方式去做更多有意义的事情，从而让自己在性方面能够保持理性。

进入青春期之后，马力经常会有性幻想，尤其是在夜深人静睡不着觉的时候，他总是幻想自己拥抱着心爱的女孩，也想起自己在书籍和网站上看到的一些不堪入目的图片。在这样的刺激下，马力的性幻想进入了恶性循环的阶段，他越是喜欢一个女孩，就越是容易产生幻想，而在产生幻想之后，他又通过观看黄色图片来满足性幻想，这导致他的性欲望越来越强。在这样的恶性循环之中，有一天马力在喝了一些酒之后，酒后失德，强迫自己喜欢的女孩做了她不愿意做的事情。

这一次失控产生了严重的后果，女孩怀孕了，找到马力，马力也不知道应该怎么办。因此，女孩只好把这件事情告诉了父母。父母得知女孩怀孕的消息如同遭遇晴天霹雳，当即就把马力弄到了派出所。后来，派出所收集证据，证明马力的确曾经强迫女孩发生性行为，马力因此被抓入少年劳教所进行劳动改造。

如果没有接受这么多性刺激，马力对于性的渴望也许就没有这么强烈，也就不会在酒壮狗熊胆的情况下做出出格的事情。然而，这一切都已经晚了，马力必然要受到严厉的惩罚，希望他能够反思自己，在未来的人生中，始终都能控制好自己。

在传统观念的影响下，中国的性教育还是半遮半掩，欲语还休的。实际上，如今的青少年会接触到大量的关于性的信息，为此他们对于性的渴望非常强烈。哪怕父母不告诉男孩关于性的知识，也无法阻碍孩子在性方面的成长和进步。因此，父母应该主动对男孩进行正确的性教育，从而避免孩子受到黄色网站、黄色书籍等的不良影响。当孩子进入青春期后，父母也应该对男孩普及一定的避孕知识，这样才能够让男孩在发生性行为的时候，保护好自己和女孩。

爸妈有话说：

作为男孩，你一定要学会保护自己，远离那些黄色的书刊、网站、光盘等的侵害，否则就会扰乱你的心，让你的性意识更加冲动。在需要性知识教育的时候，你可以积极地求助于爸爸妈妈，也可以通过书籍来了解自己的身体构造和性知识，这样，你才能够身心健康地快乐成长。

偷窃行为绝不可以有

路遥笔下《平凡的世界》中，家庭贫困的郝红梅为了给其他同学送离别的礼物，不得不去供销社偷手帕。正是因为这个行为，她被供销社的主任——侯玉英的爸爸抓住，这导致她的人生发生了彻底的转变。原本可以在村里当民办老师的她，最终与自己心仪的工作失之交臂，嫁给了一个贫苦的农民。后来，她的丈夫去世了，她成了寡妇，带着孩子艰难地生活。不得不说，偷窃是绝不能触碰的人生红线，它将会彻底改变一个人的命运。青春期男孩如果染上偷窃的恶习，也许前脚踏出校门，后脚就会进入牢房。

少数青少年会有小偷小摸的坏习惯，这是由于他们在成长过程中被父母纵容导致的。很多父母觉得孩子偷一些小东西无关紧要，却不知道孩子偷着偷着，胃口就会变得越来越大。当然，如今绝大多数父母都坚决抵制偷窃，然而，他们在引导孩子走上正途方面做得还不够。孩子为什么会偷窃呢？是因为他们的欲望没有得到满足，或者他们的心理有些扭曲，也有的青少年是因为和社会上的闲杂人等混在一起受到不良影响，才会做出偷窃的行为。

无论青少年的偷窃行为因何而起，父母都要引起足够的重视，因为当青少年不断地偷窃，他会获得心理上的满足和快感，直到把偷窃变成一种无法改变的行为习惯。做人总是有很多原则和规则需要遵守，某些原则和规则是人生中不可触碰的红线，一旦犯这样的错误，就会导致人生沾上污点，所以不管是出于何种原因的偷窃，父母都要严格限制，管理好青少年的行为，要坚决杜绝青少年的偷窃行为，这样青少年才能成长为品行端正的人才。

小刘至今仍记得在很小的时候，他曾经偷过一个西瓜。那个时候，他们所居住的地方还没有固定的菜市场，因此妈妈每天买菜时都要等一个老爷爷拉着平板车来沿街叫卖。有一天，老爷爷拉着平板车来卖菜，他的车上带了很多新鲜的小西瓜。看到妈妈正在和老爷爷买菜，小刘就趁着老爷爷不注意的时候偷了一个西瓜，将其藏在自己的衣服里。回到家里，看到小刘偷了一个西瓜，妈妈高兴地夸奖小刘：“儿子你可真棒，居然给家里白白弄来一个西瓜吃，这下可以一饱口福了。”得到妈妈的夸赞，小刘从此之后在偷窃的道路上越走越远，他总是肆无忌惮地偷窃各种小东西，随着偷窃行为持续得逞，他内心的欲望也越来越强，后来渐渐地发展成为偷窃习惯。

初中之后，小刘和社会上的闲杂青年在一起玩耍，因为这些青年有偷窃的行为，所以小刘偷窃的行为更加变本加厉。有一次，小刘居然和青年们合伙来去银楼里偷金银首饰，结果被抓个正着。小刘由此锒铛入狱，在监狱里，他痛彻心扉，悔改自己的行为，也意识到正是妈妈当年的纵容，使得他在偷窃的犯罪道路上越走越远。

爸妈的态度，对于孩子的影响是非常大的，如果发现孩子有偷窃的行为，父母一定要及时制止，且要态度坚决。有些父母本身就爱占小便宜，看到孩子偷窃丝毫不以为然，却不知道这对于孩子的成长会造成致命的打击。有句俗话叫做上梁不正下梁歪，意思是说如果父母言行不正，就无法教育好孩子，这句话非常有道理，所以父母一定要反思自身的行为，确定自己能够给孩子做出正确的表率，这样才能在教育孩子的过程中为孩子树立榜样。

如果男孩无法控制自己产生偷窃的念头，总是会受到各种物质的诱惑，就意味着他们的心理出现了问题，因为偷窃行为并不是损人利己的行为，这种行为对自己也会产生严重的损害。青少年如果心理上非常端正，有良好的心理品质，那么，他们哪怕面对物质诱惑也不会心动。因此面对孩子的偷窃行为，父母首先要从孩子的品质上进行反思，这样才能最大限度帮助孩子端正人生态度，并帮助孩子有的放矢地控制和管理好自己。

爸妈有话说：

孩子，人穷没关系，最重要的是要有志气，如果因为穷就去做那些下三滥的事情，就真的会被别人看扁，也会让人生染上污点，就此沉沦。当被贫穷折磨的时候，最重要的是要努力地成长，让自己在各个方面的能力和水平不断地提升，唯有如此，有朝一日才能够扼住命运的咽喉，成功地改变命运。

纹身是洗不掉的人生疤痕

青春期男孩对于人生充满强烈的好奇心，当看到身边有人的身体上纹着那些酷炫的花纹，他们往往会不假思索地模仿，甚至觉得这些人代表着时尚和个性，甚至误以为这些人是充满勇气的英雄。而实际上，纹身对于青少年的危害是非常大的，因为它会误导青少年的审美思想，也会导致青少年给自己的人生留下永远无法抹去的疤痕。很多青少年在年轻的时候选择纹身，等到长大之后想要进入部队去历练自己时，却发现哪怕采取外科手术的方式去掉这些纹身，也同样彻底失去了进入部队的机会。所以说，有些事情是即使后悔也无法挽回的。因此，一定不要因为一时脑门发热就做出过激的行为，而要冷静理性地思考，对自己的人生负责任。

从身体健康的角度来说，纹身采用的颜料都是化学制剂，这些化学制剂会导致人的皮肤发炎，也会传播各种各样的传染性疾病，甚至会导致癌症，所以从身体健康的角度来说，青少年也不应该选择纹身。尤其是很多纹身都是在卫生条件恶劣的环境中进行的，一旦引起感染，就会给青少年带来严重的伤害。因此，即使觉得别人纹身非常酷炫，青少年也不要盲目地尝试纹身。当青少年对纹身蠢蠢欲动的时候，父母还要引导青少年树立正确的观念，避免青少年误以为纹身是非常时尚勇敢的行为。真正的勇敢是能够直面困难，是可以挑战和突破自我，是可以成就看似不可能完成的任务，而并非是花钱买罪受，追求那些表面上的酷炫。

纹身之所以不能轻易尝试，就是因为纹身是不可逆的，一旦真正纹身之后，就无法去除。即使现在的医学手段非常发达，那些去除纹身的手段也依然会在青少年身上留下无法抹去的疤痕。当青少年有朝一日不喜欢纹身了，那么则悔之晚矣。所以父母一定要监管好青少年，在发现青少年有不好的思想苗头时，及时给予青少年正确的引导，保证青少年不要做出让自己追悔莫及的事情。

读高中之后，小孟接触的人越来越多，其中不乏一些社会不良青年。小孟在和这些不良青年接触的时候，发现这些青年的胳膊上、后背上，甚至是胸口上，都纹上了美丽的图案，小孟很羡慕他们，询问他们在哪里做的纹身之后，也跃跃欲试。

高三毕业后，小孟的高考成绩很不理想，因此爸爸决定托关系把他送入部队，让他在部队里接受历练。然而在体检的时候，部队的人发现小孟的后背上有一个纹身，因此淘汰掉了小孟。小孟很郁闷，他不明白为什么有纹身就不能去部队。直到此刻，爸爸才知道小孟居然偷偷摸摸地纹身了，为此他生气地对小孟说：“这个纹身将是你人生永远的疤痕，你想洗也洗不掉。”

失去进部队的机会，年纪轻轻的小孟没有其他的事情可做，只能继续和那些社会青年混迹在一起。后来，小孟因为和那些社会青年参与抢劫杀人事件，被抓进了监狱，从此之后要在监狱里度过漫长的时间。

青春期男孩对于新鲜的事物充满了兴趣，他们也很愿意自己变得和别人一样，尤其是在同龄人的团体里，别人的言行举止会对青少年起到很重要的影响作用，甚至使得他们在从众心理的影响下，做出让自己后悔的举动。因此，青少年，千万不要因为一时冲动就选择纹身，否则等到有朝一日后悔时，却再也无法清洗掉纹身，只能让青少年追悔莫及。

人生中有很多事情值得我们去尝试，也有很多事情是我们避之不及的，作为青少年固然要发挥自身的优势，但是也要注意避开成长的陷阱。唯有在成长过程中对自己怀着更加负责任的态度，绝不轻易尝试那些不该尝试的事情，才能保证人生发展顺利。

爸妈有话说：

纹身纹上去很容易，但是想要洗掉却是万万不能的，即使采用先进的医学技术清洗纹身，身体上也会留下深深的疤痕。最重要的是这疤痕不但留在你的身体上，也会留在你的心里，在你的人生中打下永恒的烙印。所以千万不要因为一时冲动就去纹身，而要谨慎地思考，更要在关键时刻参考父母的意见，毕竟父母是过来人，在很多事情上能够给予你正确的指导。而且，父母也是这个世界上最爱你的人，虽然父母不能像那些狐朋狗友一样与你一起厮混，但是父母永远站在你的身后，是你最坚强的后盾。

离家出走容易，回家很难

不得不说，现代社会有些青春期男孩心理承受能力非常之差，有的时候哪怕受到小小的打击，他们也会选择自暴自弃。近些年来，男孩离家出走的事情时有发生，他们或者因为受了委屈而选择逃避，或者因为无法面对沉重的责任而选择退缩。但是不管出于哪种原因，他们离家出走的行为都给学校和家庭带来了深深的伤害，更是让父母提心吊胆，痛苦不已。面对孩子离家出走的行为，父母一定要引起足够的警惕，也要采取合适的方式去对待，因为不管是过度严厉苛责孩子，还是对孩子一味地妥协，都会导致孩子的心理承受能力变差，使得孩子无法处理好类似的问题。在此过程中，父母一定要帮助孩子勇敢地处理好问题，引导孩子拥有坚强的内心，这样孩子才能够减少离家出走的行为。

通常情况下，孩子离家出走的原因不外乎以下几种，例如父母吵架，让孩子感到压力很大；或者是家庭暴力，使得孩子感到自己无处逃避；或者在学校里受到不公正的对待或者是承受了父母给予的巨大学习压力，也会让部分孩子的脆弱的心灵无法面对，因而选择离家出走。实际上，这些问题都是孩子成长过程中常见的问题，那么为何有的孩子可以合理地解决，而有的孩子却只会以离家出走的方式要挟父母呢？曾经有心理学家经过研究发现，有很多孩子都曾经有过离家出走的念头，而且他们想要离家出走的原因各不相同，由此可以看出在青少年群体中离家出走的想法是非常普遍的。然而青少年一定没有想到离开家很容易，以离家出走的方式对付父母也很容易，但是一旦真正离开家，再想回到家里，就很难。

离开家之后，青少年进入了复杂的社会环境中，要面对各种各样的坏人。幸运的青少年也许不会受到坏人的拐骗，而且能够在父母的寻找下重新回归家庭；但是不幸的青少年则没有这样的好运气，一旦遇到坏人，他们就无法控制自己的行为，也无法自由地选择去留，因此他们的人生会发生彻底的改变。在这个世界上，每年都会失踪很多人口，这些失踪的人口受到了无法挽回的伤害，甚至失去了宝贵的生命，因此在产生离家出走的念头时，青少年一定要保持理智和冷静，要想清楚自己为何离家出走，并确定自己是否真的要离家出走。再想一想导致自己产生离家出走念头的问题真的有那么重要吗？难道它在生命面前也是不能放弃的吗？

因为期中考试成绩不好，爸爸妈妈把哲哲狠狠地批评了一顿，还罚哲哲站在家门口反思问题。然后，爸爸妈妈就开始做饭吃饭，直到夜幕降临，他们才突然想起来把哲哲忘记了。妈妈赶紧去门口查看哲哲的情况，这才发现哲哲根本不在门口。爸爸和妈妈四处寻找哲哲却没有结果，整整一夜，他们都无法成眠，直到次日早晨，他们选择去派出所报案。具有下列情形之一，经审查，符合管辖规定的，公安机关应当立即以刑事案件立案，迅速开展侦查工作：接到儿童失踪或者已满十四周岁不满十八周岁的妇女失踪报案的。但是民警看到爸爸妈妈焦心如焚的样子，好心地帮助爸爸妈妈调看监控录像，这才发现哲哲上了长途汽车。

看到儿子走远了，妈妈不由得失声痛哭，她意识到哲哲很有可能面临危险，也很有可能再也回不了家。这个时候，妈妈抱怨爸爸对哲哲的教育方式不合理，非要罚哲哲站在门口，离开父母的视线，警察也教育爸爸妈妈不应该让未成年的孩子脱离自己的视线。然而，事情已经发生，再说什么都晚了，因此爸爸妈妈动员家里所有的亲戚朋友四处寻找哲哲，他们则买了同一个目的地的车票，去了外地继续寻找哲哲。

到了地方之后，爸爸妈妈寻求当地派出所的帮助，用了三天的时间马不停蹄地四处寻找，才找到了流浪的哲哲。看到哲哲，妈妈当即把哲哲紧紧地抱在怀里，这个时候哲哲才真正意识到自己的错误，也意识到了危险。他紧紧地依偎在妈妈的怀里，再也不愿意离开。

青春期男孩虽然看起来人高马大，和成年人的身材没有太大的区别，但是他们的心智发育还不够成熟，人生经验也不够丰富，因此在离开家庭之后万一受到坏人的教唆和诱惑，很容易让自己身处险境，以致想回家也没有回头路可走。所以，青春期男孩一定要保持冷静和理智，千万不要因为一时冲动就选择离家出走，毕竟等到情绪平静下来之后，一定会感到后悔。没有了家庭温馨的环境，没有了父母无微不至的照顾，他们如何能够更好地生存呢？

要想解决青春期男孩动辄离家出走的问题，父母就要增强孩子的心理承受能力，如今太多的孩子都是玻璃心，哪怕父母一句抱怨的话都会让他们的心变得支离破碎，无力承受。不得不说这样的男孩在成长过程中很容易陷入困境，其内心也会时常感到困顿和失落。作为男孩，一定要有的放矢地圆满自己的人生，成为真正的人生强者。一切的人生难题都是有答案可寻的，男孩要带着信心去找答案，才能够解决问题。

爸妈有话说：

孩子，随着不断地成长，你再也不是那个孩子气的孩子，你要学会用理性思考来解决问题，要学会用智慧来消除困境，而不要总是因为一时冲动就做出让自己追悔莫及的事情。家是永远温馨的港湾，一旦离开，想要再回到家里也许会千难万难。任何时候你都要相信，父母是你最坚强的后盾，也是世界上最爱你、对你最好的人，这样你才会在与父母产生冲突的时候理解父母的苦衷，才能够采取理性的方法处理与父母之间的矛盾和纷争。

男孩怎样处理好校园暴力问题

现在的校园里，各种各样的暴力事件层出不穷。校园暴力事件不断出现在初中、高中的校园，甚至在小学的校园里，也会有恶性暴力事件的发生。不得不说，校园暴力事件极大地损害了青少年的身心健康，毕竟青春期男孩正处于情绪冲动的年龄阶段，在面对他人带有侮辱性质的暴力行为时，他们很难控制住自己的情绪，也很难保证自己的行为符合常理。此外，有很多社会闲散人员会进入校园，对孩子们实施暴力行为，这就导致校园暴力变得更加复杂，性质也更加恶劣，更是令青春期男孩面临极大的危险。

校园暴力的情况，并不是最近才有的。随着时代的发展，校园暴力也在不断地升级。如果说最初校园暴力的表现形式是单纯的打架斗殴，那么随着时代的进步，随着校园里各种势力情况越来越复杂，校园暴力甚至带有一定的黑社会性质，且从最简单的打架斗殴发展成为勒索敲诈，乃至危及学生们的生命。这对于校园的稳定和学生的人身安全显然是极其不利的。

校园暴力，除了危害孩子们的人身安全之外，还会扭曲孩子们的心灵。心理学家经过研究发现，校园暴力不但会导致受害学生的内心受到伤害，而且会导致施暴学生的内心发生扭曲，产生变态心理。所以无论对于受害者还是施害者而言，校园暴力都是一种不良的邪恶行为。此外，很多孩子都喜欢玩网络游戏，甚至沉迷于网络游戏。众所周知，如今网络上的很多游戏都带着血腥的意味，为此他们很容易受到游戏的负面影响。校园暴力的发展形势越来越复杂，青春期男孩的成长环境变得更加恶劣。作为男孩，一定要更加理性地面对校园暴力，从而以正确的方式处理好校园暴力。

自从离家出走被爸妈找回来以后，哲哲有好几个月的时间都没有去学校，直到他的心情恢复平静，内心也恢复理智，爸爸妈妈才把他再次送到学校学习。然而，同学们发现哲哲就像变了一个人一样，他很少说话，而且往往会用武力解决问题。有的时候，一言不合，他就会和同学动起手来，这让同学们都远离他，不愿意和他交往。因此，哲哲成了班级里的独行侠。

有一天下课的时候，哲哲和一个同学两句话不对付，就拿起削铅笔用的壁纸刀对着同学挥舞起来，把同学的衣服上划了一道长长的口子。发生这件事情之后，班主任马上联系了哲哲的父母说明情况，父母意识到用刀子伤人是非常严重的事情，当即把哲哲带回家里进行教育。被划伤的同学内心感到很恐惧，足足有几天都没有来到学校上学，当然被划伤同学的父母也没有善罢甘休，而是找到老师要求说明情况。老师多方周旋，才让对方父母放弃追究哲哲的责任，哲哲这才能够继续留在学校上学。

近些年来校园暴力时有发生，青春期男孩原本就处于情绪冲动的阶段，当遇到强烈的刺激时，他们很容易做出过激的行为。要想避免暴力，避免成为施暴者，男孩就要保持情绪的冷静，在发生问题的时候第一时间思考如何解决问题，而不要使用暴力解决问题，导致行为上出现严重错误。

如果受到其他同学的暴力侵犯，青春期男孩不要一味地忍气吞声，因为一味地忍让和退步，只会导致施暴者变本加厉，使得自己受到更多的伤害。当被施暴者伤害的时候，青春期男孩第一时间就要把受到侵犯的事情告诉老师和父母，从而寻求有效的帮助，正确应对施暴者的暴行。

通常情况下，校园暴力的对象都是胆小怯懦的孩子，他们相对处于弱势。当身为受害者时，孩子一定要保持正确的思想，要知道胳膊拧不过大腿的道理，不要与施暴者正面冲突，而是要以合理的方式寻求自我保护，从而集合各个方面的力量对抗施暴者。此外，如果被敲诈勒索，也不要一味地忍让，而应该寻求法律的保护。如果觉得自己很容易受到侵害，还可以和同伴结伴而行，这样也可以有效地震慑施暴者。总而言之，不要任由施暴者为所欲为，而应该采取有效的方式解决问题。

爸妈有话说：

青春期男孩既不要成为施暴者，也不要成为受害者，而应该以合理的方式解决问题，营造良好的校园环境，这才有利于青春期男孩的健康成长。良好的校园环境需要每一个人坚决维护，每个人都要积极地贡献力量。

说粗话不是酷

常言道，良言一句三冬暖，恶语伤人六月寒。在人际交往的过程中，人与人之间突然反目成仇，情谊不在，也许并不是出于什么重要的原因，而只是因为其中一方出口成脏，以致伤害了对方的感情。很多青春期男孩误以为说脏话就是酷，因此他们会故意地出口成脏，以脏话来激怒他人。实际上，一时的口舌之快并不能代表青春期男孩有力量，反而会显示出他们内心的怯懦。有的时候，说脏话甚至会给自己惹来杀身之祸。在北京某郊区的一所民办学校里，一个学生就因为对着其他学生说脏话，被对方在暴怒之下打死。不得不说，脏话是人际关系恶劣的导火索，作为青春期男孩，一定要控制好自己的言行举止，不要肆意发泄自己的负面情绪。

有人说语言是思想的外衣，当一个人出口成脏的时候，往往意味着他的内心也是肮脏怯懦的。语言的美丑，可以衡量一个人的心理是否干净健康。如果一个人总是在他人面前说脏话，足以证明他的道德品质非常恶劣。人们常说，爱美之心人皆有之，世界上的美有很多种表现形式，不但有美景、美丽的容颜，也有美丽的语言。现代社会是文明社会，每个人都应该为营造文明的社会环境贡献一份力量。

小伟特别喜欢说脏话，为此不知道惹了多少麻烦。有一天，学校里举行运动会，小伟跑步的时候不小心被其他同学碰了一下，那位同学并不是故意的，只是想争取跑到小伟前面，赢得冠军。小伟被碰到之后摔在地上，他当即对着那个同学破口大骂起来。那个同学也是个火爆脾气，当即停止奔跑，对着小伟一通狂揍。小伟被揍得鼻青脸肿，却有苦说不出。虽然老师批评了那个同学不应该动手打人，但是小伟的表现不也正是这场纷争的导火索吗？假如小伟能够以平静的心态面对这个意外的小事件，能够更加宽容那位同学，那么这个打架斗殴的事件也就不会发生了。

前段时间，秦皇岛发生了一起恶性伤人事件。事件的主角是一个卖西瓜的打工仔和两个买西瓜的老人。这件事情原本非常普通而又寻常，是可以圆满解决的。买西瓜的老夫妇，因为买了西瓜回家吃了以后闹肚子，为此来到水果摊要求赔偿。卖西瓜的听说老人吃了西瓜而患上疾病，答应退掉买西瓜的三十元钱，但是两个老人不依不饶，坚持要至少一万元的赔偿，卖西瓜的只同意给老人三百元的赔偿，但是两个老人却依然不满足。他们固执地要求得到一万元的赔偿，并且说如果不能让他们感到满意，他们就会在水果摊面前骂上七七四十九天。

原本大家都以为两位老人说的是气话，没想到从当天开始，两位老人就每天都站在水果摊前面破口大骂。这样一直坚持到第五天，卖西瓜的实在忍无可忍，居然拿起尖锐的水果刀把老头刺了二十几刀，又把老太太刺了十几刀。就这样，转瞬之间，这对老夫妇一命呜呼。卖西瓜的人在给母亲和妻子打过电话之后，也选择了跳河自杀。为何会发生这样让人遗憾的事情呢？就是因为这两位老人出口成脏，站在水果摊面前大骂不止，而且还一连骂了五天。他们不知道人的心理承受是有限度的，也不知道脏话会刺伤他人的心理，导致他人自尊心被摧毁。正因为超过了心理承受的极限，卖西瓜的人才会拿起手中的尖刀，做出了极端恶劣的行为。

在炎热的夏天，水果变质原本是正常的事情，而且卖西瓜的人已经答应赔偿给老夫妇三百元钱，让他们治疗拉肚子。但是两个老人却依然不依不饶，而且脏话连篇，不得不说，是他们的极端导致他们失去了生命。做人一定要心怀宽容，在被他人无意间伤害的时候，要更多地体谅他人的苦衷，这样才能保持人际关系的和谐。如果总是揪着他人的错误不愿意撒手，那么日久天长，一定会因此而得罪他人，甚至为自己招来杀身之祸。

青春期男孩正处于情绪冲动的阶段，在与他人产生纷争的时候，更应该设身处地为他人着想，这样才能够有效地平息心中的怒火，并找到理性的方式解决问题。

爸妈有话说：

常言道，退一步海阔天空，孩子，不管你在成长的过程中与他人之间发生了怎样的矛盾，都要本着积极的态度去解决问题，要相信他人并非故意，要理解和宽容他人。即使他人真的给你造成了伤害，你的初衷也应该是解决问题，而不是盲目地复仇。

谎言的代价难以想象

孩子在成长的过程中难免会犯各种各样的错误，而在孩子诸多的恶行之中，父母最不能容忍的就是孩子撒谎，这是因为当孩子撒谎的时候，父母无法与孩子进行有效的沟通，更不可能了解孩子的真实情况。这样一来，父母还如何能够监督孩子的行为，对孩子进行正确的引导和教育呢？

从心理学的角度来说，青春期男孩之所以撒谎，是因为他们想要逃避责任，或者是为了维护自己的尊严。通常情况下，男孩之所以撒谎，或者是因为考试成绩不理想，或者是因为犯了错误，或者是因为感到自己无法达到父母的期望。因此，他们以撒谎的方式逃避父母的训斥，得到父母的认可和赞赏，从而掩饰自己真实的表现，保护自己脆弱的心灵。

从身心健康的角度来说，青春期男孩撒谎不利于身心健康。众所周知，当一个人说出一个谎言，就需要再说出一百一千个谎言来圆满这个谎言，所以，青春期男孩一旦撒谎，就像陷入了一个无底洞一样无法自拔。渐渐地，他们会因为谎言而失去他人的信任，也会因为谎言而对自己产生失真的评价，这样一来，青春期男孩自然会陷入混乱之中。

正在读高中的周凯学习成绩并不好，因为他的爸爸妈妈都是做生意的，经常没有时间管教他，只是送他去了最好的学校，也给他聘请了私人老师进行各种补课，但是却从来没有真正地关心过他。周凯每次向父母汇报学习情况的时候，都给自己打满分，这是因为父母唯有对他的学习情况感到满意，才会给予他更好的对待。有的时候，爸爸听到周凯说考试成绩得了一百分，挥手就给周凯一千元零花钱。正因为如此，周凯渐渐养成了编瞎话的坏习惯，简直撒谎成性。

高中考大学的时候，周凯再也无法继续对父母谎报军情。他的学习成绩惨不忍睹，高考时连专科学校都没有考上。爸爸妈妈对此感到失望至极，这才知道原来自己这么多年来都在周凯的谎言中生活。

周凯为什么撒谎呢？一则因为如果父母知道他学习成绩不好，就会很严厉地训斥他；二则是因为当他的成绩让父母满意时，他就能够得到更多的零花钱，从而随心所欲地做自己想做的事情；第三点，也是最重要的一点，那就是周凯的父母并不是真的关心他。由此可见，周凯是因为典型的利己主义，才会选择撒谎，也是为了逃避父母的斥责，获得更多的好处。其实周凯之所以撒谎，有很大的一部分原因都在父母身上，父母对周凯疏于管教，而且从来不关心周凯真正的学习情况，而只是给周凯物质奖励。显然，这使周凯的内心对父母产生了松懈心理，对于学习更加不以为然。

为了避免孩子撒谎的情况，父母要与孩子之间建立顺畅的沟通渠道，例如当孩子表现不好的时候，父母要做到坦然接受，积极地引导孩子。当孩子表现非常好的时候，父母也不要以物质的奖励诱惑孩子，否则就会把孩子的学习从内驱力状态转化为外部驱动力状态。唯有如此，孩子才能做到与父母平等地沟通，从而把自己的真实情况反馈给父母。切记，父母一定要建立孩子与父母之间的信任，这样孩子才愿意敞开心扉向父母倾诉自己的内心。从本质上而言，没有人愿意撒谎，因为谎言的代价难以想象。孩子当然也不愿意为了撒谎而绞尽脑汁，所以父母不要在无形之中逼迫或者诱惑孩子撒谎，这样孩子才能更加讲究诚信。

爸妈有话说：

谎言终究会被戳穿的，也许谎言能给你带来一时的满足，能让你逃避父母的责骂，但是总有一天父母会知道真实的情况。与此同时，你会失去父母的信任。在这个世界上，对于每个人而言，最重要的就是诚信，哪怕是孩子与父母之间也需要建立诚信，才能更加顺畅地沟通。

明星也是人，追星要适度

现代社会，有很多青春期男孩都喜欢追星，因为他们看着明星在屏幕上塑造出来的各种鲜明生动的形象，很容易对明星产生错觉，误以为明星所扮演的形象就是明星本人，所以对于明星产生了不切实际的崇拜。还有很多男孩喜欢明星光鲜亮丽的生活，梦想着自己也能够成为一个明星，因此明星成为了他们的英雄，也成为了他们努力奋斗的目标，更是他们不切实际的梦想。

其实，青少年如果能够崇拜历史上大名鼎鼎的伟人，也许会从伟人身上学习到很多优秀的品质，但是若青少年过度迷恋明星，就会导致自己的身心发展扭曲，甚至患上严重的心理疾病。记得刘德华有一个很痴迷的粉丝，这个女粉丝疯狂地追求刘德华，为了能够亲自见到刘德华一面，把整个家庭的生活都搞垮了，甚至为此把父亲的性命也搭上了。如今，这个女粉丝已经不再盲目追求刘德华，从追星的痴迷和狂热之中摆脱出来，但还是有很多青春期男孩会盲目追求明星。其实这不仅对于粉丝来说是一种沉重的负担，对于明星而言，也会造成强大的心理压力。男孩一定要意识到，明星也是人，也是非常接地气的，虽然他们在屏幕上看起来高高在上，光鲜亮丽，但是他们同样有着自己的烦恼，也常常会感到困惑和无助。了解了这一点，男孩就不会把明星当成上帝一样去崇拜，而是会更加客观全面地认知明星，并做到适度追星。

要想避免追星给自己的成长带来负面作用，男孩就要学习明星身上的优点。看到这里，也许会有男孩说，明星的优点那么高不可及，我怎么可能学习到呢？其实不然，明星也是普通人，也是既有优点也有缺点的，所以，如果男孩更加看重明星的优点，也愿意向明星学习，那么他们就能从明星身上汲取积极的力量。其实追星本身是一种正常的心理现象和行为，因为男孩正处于青春期，他们对于那些成功的人产生崇拜的心理是很正常的，重要的是凡事皆有度，过度犹不及。男孩追求明星一定要有合适的限度，而不要因为追星扰乱自己正常的生活和学习的秩序。

因为总是能够从爸爸妈妈那里得到很多的零花钱，所以周凯渐渐养成了追星的习惯。他用谎言从爸爸妈妈那里骗得奖金，购买他喜欢明星的演唱会门票。最夸张的一次，周凯听说喜欢的明星要在广东开演唱会，居然买了飞机票从北京飞到广东，听完演唱会之后又从广东飞回北京。不得不说，这样狂热的追星生活严重地影响了周凯的学习，导致他的学习成绩雪上加霜。

后来，爸爸妈妈知道周凯的学习成绩很差，就不再给周凯那么多零花钱，而是要求周凯专心致志地复读高三，争取将来能考上一所比较好的大学。然而，周凯一听到他喜欢的明星要在某个地方开演唱会，根本没有办法静下心来学习，他得不到爸爸妈妈的钱，就想方设法从爸爸妈妈那里偷钱。有一次，为了去现场听明星的演唱会，他居然把爸爸的一块名表偷偷地卖掉了。爸爸知道真相之后，气得简直要吐血，但是周凯就像病入膏肓的人一样，对于喜欢的明星没有丝毫的抵抗力，有的时候甚至在睡梦中都会大声地喊出明星的名字。

当追星成为一种狂热的行为，青春期男孩的成长就会面临很大的危机。毕竟明星在荧幕上表现出来的都是光鲜亮丽和成功的一面，而实际上明星也有苦恼和困惑，只不过狂热追星的男孩根本不知道明星真正的样子而已。这样一来，他们就会把明星当成神一样去崇拜，尤其是如今的很多明星都会表现出很“娘”的一面，很容易在无形中误导男孩的成长，导致男孩也成为不折不扣的“伪娘”。不得不说，伪娘现象给当今社会很多男孩的成长带来了误区，作为父母，我们一定要引导男孩更有阳刚之气。

明星再成功，与男孩的现实生活也没有真正的交集。男孩要想让自己以后拥有更加充实精彩的生活，就一定要积极地努力，不要再盲目地追星，更不要因为追星而导致学业发展受到阻碍。与其把宝贵的时间用于追星，还不如努力成长和进步，这比追星更有意义。

爸妈有话说：

追星没有错，如果能够学习明星身上的优点，你就能获得很好的成长，但是如果因为追星而放下学习，导致学习一落千丈，那无疑是得不偿失的，也会使得未来的人生失去精彩。所以你一定要端正追求明星的态度，怀着远观的态度欣赏明星，学习明星的优点，而不要盲目陷入对明星的狂热追捧之中。记住，一个人只有活出自己的样子，才是最大的成功。

第 09 章

勤勉和分享，让你成为受欢迎的人

在这个世界上，每个人都是群居动物，都需要与身边的人密切配合，才能取得更好的成长和发展。完全自给自足的时代已经一去不返，所以男孩在成长的过程中不但要做到勤勉，更要做到积极地分享，这样才能成为人群中最受欢迎的那个人。

早起的鸟儿有食吃

在这个世界上，什么样的人最招人鄙视和唾弃呢？不是愚笨的人，也不是迟钝的人，而是那些非常懒惰的人。生活在大城市里，走在人潮汹涌的街头，我们常常会看到有很多乞丐坐在地上行乞，他们穿着破破烂烂，但是看起来身体并没有明显的残疾。看到这样的人，我们往往不会给他们施舍，这是为什么呢？因为他们明明具有劳动能力，却不愿意通过劳动去创造自身的价值，改变生活，不能不说，他们的绝症也是他们人生中无法摆脱的毒瘤——懒惰。真正积极向上的人，既会努力改变自身的状况，也会通过双手创造美好的生活。

如今，人们形容懒惰的人，总是说他们患上了懒癌。其实在这个世界上，并没有人应该始终与贫穷相伴，因为一个人如果真的想摆脱穷困，只要不懈地努力，坚持积少成多、聚沙成塔，最终就能够通过付出来改变自己的命运。从这个角度来说，对于每一个生存在世界上的人而言，最大的财富不是拥有多少金钱和物质，也不是拥有多少机会，而是能够拥有勤劳的特质。因为一个真正勤劳的人，哪怕置身于生命的绝境之中，也不愿意束手就擒，而是努力地奋发，用劳动来创造价值和财富。反之，一个人如果总是不劳而获、肆意挥霍，那么即使他有金山银山，也总有花光用完的那一天。由此可见，决定一个人是贫穷还是富有的并非是金钱，也不是权力，而是这个人内心里对于生活的态度，踏实勤奋地面对生活，还是慵懒地面对生活，决定了他人生的状态。

对于勤劳的人来说，虽然人生的每一天只有二十四个小时，但是他们却可以最大限度挖掘自身的潜力，把二十四个小时充分利用完。而对于懒惰的人来说，他们常常在时光的流逝中迷失自我。比如早晨起床的时候，勤奋的人会早早地起床，而懒惰的人却会拖延时间，赖在床上不愿意动弹。他们总是能找到各种各样的借口，让自己躺在床上更长的时间，他们也会找到形形色色的理由，延迟工作的开始。因此一个真正勤奋的人不但具有身体力行的能力，而且具有当即行动的好习惯，最重要的是他们从不拖延，因此他们虽然无法改变生命的长度，却可以改变生命的宽度，当生命被努力拓宽，自然会变得更加充实有意义。

进入初中生活之后。乐乐最头疼的就是历史，因为他并不精通历史，在面对历史上众多的人物和时间线索的时候，他常常会搞混。为了帮助乐乐学习历史，妈妈给乐乐出了一个很笨的方法，那就是靠着死记硬背，把历史贯穿起来。对于这个方法，乐乐一开始持怀疑的态度，因为他一看到历史的内容就觉得头痛欲裂，根本不觉得自己能够把它们记住，但是在妈妈的坚持督促之下，乐乐还是决定每天早晨都抽出十五分钟的时间来背诵历史。

三个月的时间过去，乐乐在历史的学习上有了突飞猛进的进步。对于历史，乐乐从兴致索然变为兴趣盎然，因为他的心中对于历史已经有了整体的了解。在他的记忆之中，那些原本干瘪的历史人物都变得鲜活起来，他甚至可以用时间轴把历史贯穿起来，这样一来，他在学习历史的时候就像是在看一部生动的历史电视剧，觉得有趣极了。

通过勤奋和努力，我们可以把原本做不到的事情都一一实现，这是因为坚持是一种巨大的力量。对于青春期男孩来说，他们在成长的过程中难免会遇到各种各样的难题，如果总是知难而退，畏难情绪浓重，那么他们就无法激发出自身的潜能，勇敢地迎难而上。

大家都知道愚公移山的故事，那么愚公移山到底能不能获得成功呢？在别人看来，也许觉得这是一个不可实现的梦想，但是对于愚公而言，只要子子孙孙无穷尽，每个人都坚持去做，即使再高的山，也终究可以铲平。由此可见，愚公是通过坚持和毅力来实现梦想，让自己战胜大自然的艰难险阻。青春期男孩也要有这样的精神才能够从容应对成长过程中的各种困境，才能够在成长的过程中证明自身的坚强和实力。

爸妈有话说：

孩子，即使面对着万丈高山，我们也要一步一步地努力向上，才能够真正到达山顶。当然，万丈高山不能成为人生的阻碍，我们要更加勤劳，也要为自己争取更多的主动性，这样才能够在困难面前表现出勇敢无畏的力量和勇气。

学会与身边的人分享

现代社会，大多数家庭里都只有一个孩子，父母总是把所有的爱都倾注到了孩子身上，有些父母本身也是独生子女，因此爷爷奶奶、姥姥姥爷也会对孩子倾尽所有，满足孩子的一切要求。实际上，对于孩子而言，拥有这样优渥的生活条件未必是好事情，因为在无数人的关爱之中，孩子难免会渐渐养成以自我为中心的思想，甚至完全忽略身边人的情绪和感受以及需求。这样一来，孩子如何能够做到为身边的人着想呢？

很多年幼的孩子都不愿意分享，这是因为孩子在家庭生活中已经习惯了独占家庭里所有的资源，而从来不考虑别人的需求。因此，父母要告诉孩子学会分享，也要在日常生活中引导孩子与父母分享，唯有如此循序渐进地培养孩子分享的精神，孩子才能养成分享的好习惯。

迄今为止，妈妈还记得乐乐小时候的一件事情。那时候，乐乐才四岁多，有一天妈妈正在帮助乐乐洗澡，突然想起白天看到的一篇文章，妈妈随性所至，问乐乐："乐乐，如果现在妈妈和你在大沙漠里，我们的身边只剩下一小块儿饼干，没有其他任何的食物和水，你会怎么做呢？"乐乐看着妈妈，眼眶红了起来，眼泪马上就要流出来，他动情地对妈妈说："妈妈，我一定会把饼干分开，你吃一点，我吃一点，这样我们就可以一起活着。"听到乐乐的回答，妈妈觉得非常感动。在日常生活中，妈妈经常引导乐乐与人分享，为此乐乐很受人欢迎。

春游时，妈妈精心为乐乐准备了很多美味的食物。野餐时，乐乐把自己的美食与同伴分享，当然，他也得到了同伴的慷慨馈赠。在春游即将结束的时候，有一个同伴因为带的水太少，感到非常口渴，乐乐得知情况后，就把自己仅剩的一瓶酸奶送给了同伴。回到家里，乐乐很口渴，赶紧去冰箱里拿出一瓶水咕噜咕噜灌下去。妈妈纳闷地问乐乐："乐乐，你带了那么多水都不够喝吗？"乐乐对妈妈说："有个小伙伴早就渴了，我就把我的酸奶给他了，因为当时我并没有他那么渴。不过在回来的路上我感到很渴，所以我就一直忍着。"听到乐乐这么说，妈妈没有责怪乐乐，而是对乐乐竖起大拇指，赞赏乐乐这种助人为乐的精神。一个人如果慷慨地帮助他人，愿意与他人分享，就一定会得到回报。常言道，赠人玫瑰，手有余香，帮助别人本身就是一件让自己快乐的事情。

孩子是否愿意分享，与父母对他们的教养方式有很密切的关系，如果父母在日常生活中能够引导孩子乐于分享，孩子渐渐地就会养成爱分享的习惯。如果父母在养育孩子的过程中总是让孩子吃独食，玩所有好玩儿的玩具，而忽略身边的人，那么孩子即使不断地成长，走上社会，也会因为不愿意分享而失去好人缘。

分享快乐，一份快乐就会变成双倍的快乐；分享痛苦，一份痛苦就会变成一半的痛苦。孩子在成长的过程中未必会顺心如意，因此，一定要学会与身边的人分享，这样才能够得到他人的安慰和支持，才能够得到他人的帮助与付出。当然，分享的目的不是为了得到回报，但是爱会在人与人之间循环，会让每一个付出爱的人都变得更加富足。

每个人都要学会分享，尤其是孩子更要善于和乐于分享，这样才能成为处处受人欢迎的人。若一个孩子固步自封，把自己封闭在狭小的个人空间里，那么他的人际关系可想而知，一定会非常贫瘠。要想让孩子获得幸福，父母就要让孩子学会分享，告诉孩子分享的意义。分享不但让孩子得到快乐，而且能让孩子得到幸福的回报。

爸妈有话说：

分享的时候，你也许会失去一些东西，但是你要相信，你得到的一定比失去的更多。即使很珍贵的东西，如果对方需要，如果我们能够给得起，也是可以分享的，因为爱是在人与人之间不断流转的精神，最终会给我们最丰厚的回报。

懒惰的男孩令人生厌

历史上，受到迫害最多的民族就是犹太族，他们生活在非常恶劣的环境中，为了战胜贫穷，获得生存的机会，而不得不咬紧牙关辛苦地工作。因此，每一个生存下来的犹太人都是非常勤奋的人。在教育孩子的时候，犹太人会告诉孩子懒惰如同粪便一样让人恶心和讨厌。这是因为犹太人心知肚明，一个人要想更好地生存下去，就必须非常勤奋，因为勤奋已经成为犹太人必不可少的品质和生存的技能，每个犹太父母都会把这样的精神代代传给子女。

男孩未来要支撑起自己的人生，也要支撑起一个家庭，承担起照顾和养育家庭的重任，因此，男孩儿要更加勤奋。尤其是在不断学习的过程中，男孩更要保持勤奋，才能以实力改变自己。

有些父母常常说孩子天生懒惰，实际上这句话并没有道理，因为一个人的天性不可能是懒惰，而他们终究是懒惰还是勤奋，往往取决于后天的成长。很多孩子之所以非常勤奋努力，坚持上进，是因为他们接受了正确的教育；而有些孩子之所以总是懒惰落魄，是因为他们在成长的过程中并没有意识到勤奋的重要性，而且他们在父母无微不至的照顾中形成了处处依赖他人的坏习惯。

在西方国家，即使家庭条件优渥的大富豪，也不会让孩子养成不劳而获的坏习惯。孩子到达一定年龄的之后，要想获得零花钱，就必须为家里做各种各样的家务活儿。有的时候，孩子还会把做家务的业务拓展到家庭范围之外，为邻居做一些力所能及的事，诸如修剪草坪、倒垃圾、送报纸、送牛奶等，这些事情都会给孩子带来相对丰厚的收入，同时也能帮助孩子养成勤奋的好习惯，让孩子从小就知道要想过上优质的生活，必须努力而又勤奋。这样一来，孩子在长大之后又有什么理由变得懒惰呢？

和西方国家不同，在中国的社会里，很多父母把唯一的孩子看得至关重要，他们什么事情也不让孩子做，总是无条件满足孩子的各种欲望和需求，渐渐地，孩子养成了以自我为中心的错误思想，并对父母过度依赖，凡事都不愿意亲力亲为。渐渐地，他们的懒惰表现越来越严重，不得不说这种孩子很难真正成才。其实在古代社会，有很多先贤为我们留下了要勤奋的训诫，例如凿壁偷光、囊萤映雪等事例都告诉我们，要想在学习上有所进步，就一定要更加勤奋和努力。

孩子要脱离懒惰，就要从生活中点点滴滴的小事做起，父母不要过度关心和溺爱孩子，更不要为孩子包办一切的事情，而应该努力培养孩子爱劳动的好习惯，例如让孩子负责收拾自己的玩具，让孩子负责打扫自己的房间，这样一来孩子至少可以实现生活的自理。当孩子力所能及的时候，还可以让孩子分担一定的家务活，这样一来孩子感受到劳动的价值，也意识到自己是这个家庭真正的小主人，自然会更加投入和参与家庭生活，创造自身的价值。

有人会发现父母越是勤快，孩子越是懒惰，这是因为父母太勤快，会增强孩子的依赖性。其实在很多事情上，父母不如故意偷懒，这样可以让孩子做自己力所能及的事情，也可以培养孩子勤奋的优秀品质，帮助孩子形成自理能力。对于父母而言，全身心投入地照顾孩子是很容易做到的，但是随着孩子能力的发展，适时地对孩子放手，才是更加明智的教育方式。

古往今来，每一个有所成就的伟大人物都不是懒惰的人，因为那些懒惰的人会如同沙粒一样被风吹散，不知所踪。由此可见，孩子懒惰是多么可怕的事情，父母一定要摆正心态，抓住各种机会锻炼孩子亲自动手的能力，这样孩子才能越来越健康地成长。

爸妈有话说：

孩子，你应该从自己的事情自己做开始努力提升自理能力，并循序渐进地增强自己在各个方面的能力。要知道，父母即使再爱你，也不可能永远陪伴在你的身边，终有一天你要离开父母的保护去独自面对人生、创造人生。从现在开始，你就要勇往直前地坚持努力，最终你一定会创造生命的价值，实现人生的精彩与辉煌。

你对生活投入，才会得到生活的回报

现代社会，有太多的人都对生活怀着抱怨的态度，他们总是渴望得到更多的馈赠，而从来没有想过自己真正对生活付出了多少，不得不说这样企图不劳而获的思想是可耻的。在西方国家流传着一句谚语，意思是说，如果你想得到别人怎样的对待，你就要用同样的方式对待他人。

同样的道理，在日常生活中，我们要想得到生活的馈赠，就要先对生活努力付出，唯有如此，生活才会更加眷顾我们。

古往今来，那些伟大的成功人士之所以能够获得成功，并不是因为他们有独特的天赋，也不是因为他们得到了别人的慷慨相助，而是因为他们对于生活始终不离不弃，满怀希望与热情。他们心中燃烧着生活的光，所以才能够照亮生活，正是在这样的坚持不懈、决不放弃的过程中，他们最终得到了生活的馈赠，也得到了人生的希望和回报。

和抱怨生活的人相比，从来不抱怨生活的人总是对生活满怀感激，所以他们才会得到生活的善待。要知道，这个世界上并没有所谓的命运，一切的事情其实都把握在我们自己的手中。那些抱怨命运的人都是企图不劳而获的人，他们不知道只有在努力辛苦付出之后才能得到生命的馈赠。青春期男孩一定不要形成错误的人生观念，总是抱怨人生，而应该深信自己必须更加主动付出才能够得到好的结果，否则如果在遇到不如意的事情时就一味地抱怨，非但不利于解决问题，反而会让自己陷入被动的境地，也会导致自己心情低沉，意志力薄弱。不得不说，这样不但不利于解决问题，反而会使问题更加恶化。

常言道，宝剑锋从磨砺出，梅花香自苦寒来，在这个世界上，没有任何人能够一蹴而就获得成功，也没有任何人能够得到天上掉馅饼的待遇。古往今来，那些能够获得成功的人都在生活中经历了很多的磨难和坎坷，正是因为他们有绝不认输的精神，正是因为他们对生活的痛苦回报以希望和微笑，也决不放弃，才能够战胜这些艰难困苦，真正获得成功。正如一句网红语所说的，生活以痛吻我，我却回报以歌。这告诉我们，哪怕生活再艰难坎坷，只要我们心中始终怀有希望，只要我们以积极向上的态度对待生活，战胜生活中的坎坷磨难，我们最终就能够等来生活的笑脸。

曾经有一位伟大的哲学家说过，存在即合理，这告诉我们，生活中发生的一切都是不可避免的，与其抱怨这些悲剧的发生，不如对生活满怀感恩。努力地对待生活，并善待身边的每一个人，我们就会有更加开阔的心胸，也会对于生活有更加积极的态度。常言道，不经历无以成经验，其实，我们在生活中的每一段经历都是人生中难得宝贵的经验，我们唯有真正热爱生活，并且努力投入地享受生活。才能在生活中获得更多的乐趣。

在西方国家流传着一句谚语，赠人玫瑰，手有余香，这句话告诉我们，当我们对他人慷慨付出，即使他人没有回报给我们，我们也已经得到了最大的快乐。很多内心充实的人都会选择在休息的时候去养老院探望老人，去孤儿院照顾儿童。他们在忙碌的生活中总是竭尽所能地帮助身边的人，这样的快乐是那些不懂得付出的人从来不会体验到的。记住，你要想得到生活的善待，就一定要善待生活，生活就像一面镜子，你哭脸对它，它也对你展示哭脸，你笑脸对它，它才会对你绽放笑容。男孩只有心怀感恩，以认真的态度对待生活，才能得到生活的慷慨回报，才能得到幸福美好的未来。

要想引导男孩全身心投入地做好生命中的每一件事情，父母就要循序渐进地帮助孩子参与到家庭生活之中。现代社会，在很多家庭里，父母都会全盘包揽一切的事物，而男孩只等着享受即可。实际上，这对于男孩形成积极认真的生活态度是非常不利的。在做饭的时候，父母可以请孩子帮忙择菜洗菜；在洗衣服的时候，父母可以请孩子帮忙洗简单的袜子手帕等，或帮着递送晾衣杆；在家庭大扫除的时候，父母还可以给孩子安排一些力所能及的小事情。这样一来，孩子就真正参与了家庭事务，而这些也可以丰富孩子的生活，让孩子对生活有更加真切和深刻的感悟。

爸妈有话说：

一个人对待生活的态度，决定了他未来将会拥有怎样的人生，你今天怎样对待生活，就决定了未来生活怎样对待你。虽然你还小，没有完全地投身于生活之中，但是你要学会体验和感受生活，也要养成对生活付出的好习惯，这样你才能得到生活的馈赠。

大事小事都要从容应对

成功的家庭教育不是给予孩子丰富优渥的生活条件，也不是让孩子真正做到衣食无忧、衣来伸手饭来张口，而是能够教会孩子生活的技能，让孩子具备生存的能力，唯有如此孩子在有朝一日长大成人之后，哪怕离开父母的翼护也可以独立生存。明智的父母不会对孩子无条件地满足，更不会总是全方位地呵护和保护孩子，他们注重培养孩子各方面的能力，提升孩子的整体素质，让孩子对生活充满智慧，能够透过表面现象看到生活的本质，更加具有生活的智慧。

父母总觉得孩子还小，认为等到孩子长大了，就会掌握各种生活的技能，其实不然，如果父母不在小孩子小时候有的放矢地提升孩子的能力，那么在不断成长的过程中，孩子就会失去发展各方面能力的好机会。实际上对孩子而言，他们从出生开始就在不间断地学习，若父母给孩子机会做各种事情，孩子的能力就会得以提升，也会渐渐成长。总而言之，别人家孩子做得那么优秀，不是没有原因的，父母的用心培养是关键。

在传统的家庭教育中，很多父母只会用言传的方式告诉孩子哪些事情可以做，哪些事情不可以做，以此为孩子划定界限，他们却不知道，对于孩子来说不真正经历一些事情，是不会长经验和教训的。为此，明智的父母会让孩子独自闯荡，哪怕碰得头破血流，孩子至少可以得到更多的经验和教训，也能够掌握更多生存的技能。对于孩子而言，尽管这样的成长要付出一定的痛楚作为代价，但是对于他们的人生来说，却是有很大的好处的。

有一天，弟弟和姐姐在客厅里捉迷藏，他们一个躲一个藏，兴致勃勃，不停地发出高兴的笑声。正在这个时候，爸爸走了进来，抱起跑得欢实的弟弟，把他放在沙发上面。然后，爸爸张开双臂做出拥抱的动作，对弟弟说："从沙发上跳下来，爸爸接着你。"儿子当然非常信任爸爸，他几乎不假思索地从沙发上跳下来，然而爸爸在他跳下来之后，马上就缩回双臂，导致弟弟重重地摔倒在地板上。弟弟马上痛苦地哭起来，他的屁股摔得很疼，小手也被地板擦伤了，但是，爸爸对此无动于衷，并没有当即向他道歉，更没有马上去把他扶起来。无奈之下，弟弟只好向站在一旁的妈妈求助。如果这一幕发生在中国的家庭里，妈妈肯定会当即狠狠地骂爸爸一顿，也会嫌弃爸爸故意逗弄孩子，但是妈妈对此若无其事，依然在一旁收拾餐具做家务。妈妈笑着对弟弟说："你的爸爸可是很坏的！"爸爸站在一旁，嘲讽地看着上当受骗的儿子。儿子哭得很伤心，但是从此之后他学会了一个生存的道理，那就是不要随便相信他人，在这个世界上只能相信自己。

教育孩子，不让孩子吃一堑，孩子怎么能长一智呢！在中国家庭里，看到孩子从沙发上摔到地上，每个人都会心疼孩子受苦了。但是，他们却不知道经过这一次摔打，孩子会明白一个人生的至理名言，那就是不要轻易相信任何人，这个世界上，唯一能相信的就是自己。其实，如果孩子没有切身经历过很多事情，那么，他们就没有相关的经验，哪怕父母在他们的耳边唠叨的次数再多，他们也无法切身感受到父母的唠叨之中蕴含着的深刻人生哲理。因此，父母在发现言传的作用没有身教那么明显的时候，不如放弃对孩子进行言传的引导和教育，而是有的放矢地对孩子进行切身的教育，以言行为孩子树立榜样，也让孩子切身增长人生的经验。

联合国曾经对教育提出了宗旨，那就是简简单单的四个字——学会生存。的确，对于每个人而言，要想有所发展、有所成就，都有一个最基本的前提条件，那就是能够生存下来。当然，生存并不是那么简单容易的事情，要想学会生存，至少要做到以下三点：首先，孩子应该学会保护自己，这样才能够以常规的状态生存下来；其次，孩子要学会适应竞争激烈的社会，提升自己生存的能力，让自己生存得更好；最后，孩子还要学会拥有更高的审美观点，这样才能不断地提升自己生存的质量，让自己更好地生存在世界上。在教育孩子方面，每个国家都有不同的模式，而学会生存却是放之四海而皆准的教育目标。对于每个人而言，生命都只有一次机会，每个人只有把握生命的机会更好地生存，才能具备更强的能力。

学会生存不仅包括努力地存活在这个世界上，也包括要与身边的人搞好关系，学会与人融洽地相处，以及学会解决各种问题。总而言之，学会生存涵盖的面很广，这四个字听起来很简单，实际上要想真正做到却很难。面对青春期男孩，父母要更加有的放矢地引导男孩提升和完善各方面的能力，这样男孩才能生存得更好。

整个社会在教育问题方面都非常焦虑，很多父母都陷入教育焦虑状态，他们一味地盯着孩子的学习，而忽略了孩子成长的根本。不得不说，这对于孩子的成长是一个误导，也会导致孩子对人生的理解有失偏颇。实际上，不管孩子将来有怎样的人生，只要他能够按照自己的想法活出独属于自己的精彩，就是最大的成功。

爸妈有话说：

孩子，生命对每个人来说都只有一次机会。不管你有多么伟大的理想和梦想，都只能在生存的基础上才能实现。因而，你要时刻牢记提升自己的生存能力，这样才能更好地生存在这个世界上，才能够真正实现理想和梦想。要记住，生活是最好的教科书，你在书本上无法学到的那些人生经验、生存技能，生活最终都会教给你。你一定要擦亮自己的眼睛，有一颗明白清澈的心，这样才能从生活中汲取更多的养分，才能让自己的生活变得更加精彩。

勤于思考，洞察生活真相

很多人对于人生始终怀着浑浑噩噩的态度，所以尽管他们已经虚度了人生的几十年光阴，但是对于生活的本质和真谛，仍没有透彻地洞察。要想了解生活的本质，洞察生活的真谛，我们就应该始终怀着思考的态度，哪怕对于生活的小事情也应该勤于思考，找到真正的答案，唯有如此，我们对于生活的认知才会更加深刻。

现代社会中，很多青春期男孩对于生活始终怀着迷茫的态度，而正是因为处于青春期之中，他们的情绪更加容易冲动，他们的内心更加容易受到各种观念的冲击，所以他们的生活反而更加混乱。父母也许可以给予男孩儿很多的照顾，或者给予男孩无微不至的帮助，但是对于男孩而言，真正能够改善他们生活的质量，让他们主宰人生和命运的，是他们对思考的态度。每个人都要在生活中学会思考，这样才能更加积极主动地领悟生命的意义；每个人也都要更加全面地去面对生活，这样才能够在成长的道路上不断进步。尤其是男孩，一定要养成勤于思考的习惯，不要让人生流于表面，不要让人生变得浮躁或者浮夸。只有真正地了解生活，男孩才会健康快乐地成长。

很多父母认为孩子已经非常勤奋地思考了，对于生活中的很多事情，他们简直能够提出一万个为什么。面对孩子喋喋不休的提问，有些父母甚至会感到很厌倦，因为工作忙碌，也因为身心疲惫，他们对孩子的疑问采取敷衍了事的态度，或者索性禁止孩子继续胡思乱想。实际上，这会在无形中扼杀孩子的想象力，也会让孩子失去提问的热情。明智的父母不会厌烦孩子提问，而是会尽量鼓励孩子提问，也会满足孩子强烈的好奇心，用孩子能够听懂的表述来解答孩子的问题，让孩子的想象变得更加生动而又鲜明。

当孩子的提问超出父母的能力范围时，父母不要搪塞孩子，而应该向孩子承认自己也不知道问题的答案，然后和孩子一起去寻找答案，或者去书籍上学习更多的知识，或者去网上开拓思维。这些做法不但可以解答孩子的疑问，也可以以身示范告诉孩子每个人都需要学习，从而督促孩子更加努力、用心地思考。总而言之，千万不要生硬地禁止孩子提问，也不要盲目地搪塞孩子。记住，对于孩子而言，提问是非常难得的热情，当发现孩子非常热衷于提问的时候，父母一定要保护孩子勤于提问的好习惯。

很多父母认为孩子只有学习成绩好，将来才会有出息，实际上生活的智慧并不完全在书本上，也同时存在于生活中那些不起眼的琐碎小事之中。若父母认真对待生活中的小事，针对小事情对孩子展开提问，并认真回答孩子提出的小小问题，就可以刺激孩子的思维能力不断地发展，让孩子的思维变得更加活跃。有的时候，父母的启发还可以开阔孩子的眼界和视野，让孩子发现原来自己还可以从另外一个方面来思考问题、分析问题，这样一来，孩子的成长自然会更加迅速。

很久以前，有一个年轻的犹太人带着一大卷斜纹布，想去淘金的地点卖给那些淘金的人，供他们制作帐篷。然而到了淘金的地方之后，他才发现当地的人根本不需要帐篷。他很发愁，不知道自己带来的那一大卷斜纹布应该如何处理。

一个偶然的机会，他发现淘金人的裤子很容易磨损，因此淘金人总是穿着破破烂烂的裤子。他灵机一动，决定把这一卷斜纹布做成结实的裤子卖给淘金人。果然不出他的所料，这种非常耐磨耐穿的裤子受到了淘金人的一致欢迎。卖掉所有的斜纹布裤子后，他赚了一大笔钱，积累了人生的第一桶金。后来，他不断地研发斜纹布衣服的新款，最终成立了一家服装制造公司，专门生产斜纹布裤子，从此风靡全世界。

换作别人，当发现那些淘金者不需要帐篷的时候，也许会很沮丧地待着，虽然不愿意离开，却也没有太好的办法解决问题。但是故事的主人公并没有这么做，他勤于思考，发现斜纹布可以用来做结实耐磨的裤子卖给淘金人，因此，他赚到了很大一笔钱，也积攒了人生中的第一桶金。正因如此，他未来才能成立服装公司，才能成就自己的事业。

在思考很多问题的时候，如果能够换个角度去看待问题，结果就会截然不同。男孩如果掌握了发散性思维的技巧，就可以快速提升自己解决问题的能力。当然，父母可以启迪孩子，但最好不要用自己的经验禁锢孩子。因为对于孩子而言，他们的人生充满了无限的可能性，而当父母把自身的经验套用在孩子身上的时候，就会导致孩子受到拘束和限制。

爸妈有话说：

孩子，生活就是呈现在你眼中的样子，但是生活的本质很深刻，远远比你看到的生活表面更加灵动。你正在成长的过程中，应该有一颗敏感细腻的心，在做每一件事情的时候都要带着对生活深深的思考，这样才能洞察生活的本质，才能够了解生活的真相，对于你人生的发展而言，这是至关重要的。

给生活准备备忘录，把小事也记牢

常言道，好记性不如烂笔头，这是因为一个人即使记性再好，当在生活中需要面对很多琐碎的小事情时，难免会耗费很多的时间和精力，也难免会在无形中忘记一些事情。为了帮助增强记忆力，也为了避免遗忘那些不该忘记的事情，男孩可以给自己准备一个备忘录，这样一来，每天都可以翻看下备忘录，提醒自己哪些事情是必须做的，从而避免遗忘。

记住那些必须做的事情，在记录的同时，安排好做事情的顺序，这样还可以让孩子养成有序生活的好习惯。很多孩子总是一拍脑门就想起来自己忘了什么事情，从而不得不放下手中的事情去弥补，这样一来，孩子的生活自然非常混乱，也会因为时间紧张局促而导致搞砸很多事情。

生活的质量并非是由于金钱和物质决定的，有的时候，一个小小的好习惯就会让我们的生活秩序井然、效率倍增。好习惯的养成也不是一蹴而就的，而是需要循序渐进地去做的。在生活中，我们可以有的放矢地积累好习惯，从而让自己养成良好的生活习惯，降低犯错误的概率，提升做事情的效率。

针对人的记忆规律，心理学家艾宾浩斯曾经提出过一个遗忘曲线。遗忘曲线告诉我们，人在刚刚学习新知识之后，会在短时间内就遗忘大部分的内容，所以要想把所学的知识记忆得更加牢固，就应该进行及时的复习和巩固。对于孩子而言，如果要保证学习的效果，就要养成复习的好习惯，否则前面学了，后面忘记，大脑就会变成一个无底的空洞。

艾宾浩斯的遗忘曲线告诉我们，人不可能彻底地记住每一件事情，毕竟人的脑部容量是有限的，人的时间和精力也是有限的，当我们无法凭借记忆来记住很多事情的时候，不如就采取记录的方式提醒自己。这样一来，我们只需要记住一件事情，那就是时常看看备忘录，从而保证把每一件该做的事情都做好。

当青春期男孩发现自己在生活中总是粗心大意、丢三落四的时候，不如尝试制作备忘录。有的时候，制作备忘录还可以帮助孩子回顾曾经经历过的生活，让孩子更加深入地思考自己所做的事情。这样一来，孩子的记忆能力也会得到良好的发展。当然，对于那些没有发生的事情，孩子也可以通过查阅备忘录，督促自己努力认真地去做好每一件事。备忘录对于每个孩子的作用都是不同的，每个孩子也都可以根据自身的情况制订自己喜欢的备忘录方式，总而言之，只要备忘录能够对孩子的记忆起到积极的辅助和推动作用，就是有意义的。

当然，对于年幼的孩子来说，如果他们还不会写字，那么制作备忘录是有一定难度的。其实对于已经会画画的孩子来说，也可以用画画的方式来给自己进行提示。例如曾经有一个四岁的孩子，在和妈妈去超市的时候，因为妈妈让他帮忙记住要买哪些东西，所以他就准备了一张小纸条，并且在纸条上画上方方的豆腐、椭圆形的玉米和长长的面条等形象的图画，等到了超市，他就对着小纸条提醒妈妈需要购物的物品，不得不说，这也是一个好方法。父母不要小瞧孩子的智慧，不要等到孩子特别大的时候才去帮助孩子养成制作备忘录的习惯，而应该在孩子的能力达到相应阶段的时候，就有的放矢地引导孩子循序渐进地养成制作备忘录的习惯，这对于孩子成长而言是有利而无害的。

爸妈有话说：

每个孩子都有自己的生活，你当然也是如此。你可以选择自己喜欢的方式去生活，但是对于那些必须做的事情，是不可以遗忘和忽略的，所以，你要用自己喜欢的方式制作备忘录。备忘录可以不拘一格，只要它能够起到提醒你的作用，能够帮助你更合理地安排生活和学习，就是合格的备忘录。

第 10 章

有多大决心，就要有多少行动

哪怕是再好的想法，也要付诸行动，才能变成现实。而如果只有美妙的设想，却从来不付诸行动，则只会导致设想变成空想，也使得孩子们在成长道路上遭遇更多的困惑。记住，信心是人生的翅膀，当孩子下定决心把想法付诸现实的时候，孩子就会更加勤奋和努力，也会更加一往无前。

展开行动，才能真正地迈向成功

好的想法，如果始终停留在空想阶段，对于孩子的成长是毫无意义的。青春期男孩在有了非常巧妙的心思之后，一定要马上付诸行动，将其变成现实，这样对孩子的人生才会有切实的意义。当然，从理想到现实中间隔着漫漫的长途，男孩一定要非常努力、坚持不懈，即使在遇到困难的时候，也要永不放弃，如此才能够不断地接近人生的目标。

行动才是真正迈向成功的第一步，而再好的想法距离成功也非常遥远，对于男孩来说，一定要培养自己的行动力，这是因为男孩原本就应该更加果断坚决，也应该有超强的行动力，唯有如此，男孩才能够真正主宰自己的人生和命运。如果男孩总是犹豫不决，在遇到很多小事情的时候就陷入困顿之中，那么对于他们来说，这样的成长就是一种煎熬。

当然，既然是尝试，就一定会有成功和失败这两种可能。男孩要知道，如果因为惧怕失败而放弃尝试，则连成功的小小机会也都彻底失去了。所以男孩应该强大自己的内心，坦然接受成功和失败这两种可能的结果，这样才能在成长之中不断地努力进取，才能把人生变得更加充实。

当然，父母不要强求孩子一定要获得成功，而应告诉孩子胜败乃兵家常事，做一件事情，就有可能出现很多结果，这样孩子才能摆正心态，从容地接受有可能出现的结果，才能够在面对各种机会的时候勇往直前地尝试。当然，在面对很多事情的时候，孩子一定会感到不同程度的难度，如果觉得这些事情有很大的难度，那么就可以先从简单的事情开始做起。这样一来，孩子会得到小小成功的喜悦，也会得到激励和更强大的力量。当然，如果一件事情简单容易到让孩子觉得做起来索然无味，那么就无法对孩子形成挑战性，所以父母可以为孩子安排一些努力才能实现的目标，从而激发孩子的能力，也让孩子拥有更强大的爆发力。

对于每个人而言，梦想都是瑰丽的，就像在天边遥不可及的云霞，哪怕我们拼尽全力奔过去，也不一定能够马上实现和达到。然而，在经历了这么多年的发展之后，人们已经成功地登上了月球，不可能实现的神话已经变成了现实，所以对于梦想，孩子也应该怀着坚定不移的态度。这就像跑马拉松一样，也许刚开始跑的时候，孩子会感到非常疲惫，甚至呼吸都不顺畅。为此，他们很后悔自己为何要开始这样一段漫长的征途。但是随着不断地坚持，他们距离目标越来越近，在达到一个又一个小目标之后，他们受到鼓舞，也不断地突破和超越身体的极限，因而变得更有力量。这样一来，他们会把别人远远地甩在后面，从而保持自己的速度稳步地向前。常言道，凡事都要有一个开始，凡事也最怕认真。当孩子怀着认真的态度绝不放弃，他们就能够战胜困难，也能够保持决心和勇气。需要注意的是，孩子一定要有毅力，在养育孩子的过程中，父母要告诉孩子坚持不懈，也要引导孩子在面对困难的时候挑战和突破自我。毕竟真正的强者是绝不会轻易放弃的，真正努力的孩子也可以激发出自身更加强大的潜能。

从小学三年级开始学习写作文，乐乐就有一个想法，他想坚持写日记。但是一想到自己每天都要写一篇相当于作文的日记，他又感到畏缩和怯懦，就这样，他犹豫了很长的时间，始终没有把想法付诸实践。终于有一天，他看到表姐拿着厚厚的几本日记向他炫耀时，才下定决心也要成为一个日记达人。

在最初开始写日记的时候，乐乐每天写一篇日记，大概需要用三十分钟的时间，为此他感到很痛苦，因为这相当于把他写作业的时间延长了很多。但是随着坚持写日记的时间越来越久，乐乐感受到了写日记的乐趣。渐渐地，他每天不写日记都会觉得少了一些什么。每天晚上洗漱完之后，乐乐安静地坐在台灯前，他通过写日记的方式回顾自己一天的所得所失，在这样自我反思的过程中，他有了很大的进步。看到乐乐的状态，爸爸由衷地竖起大拇指，对乐乐说："乐乐，你可真是一个有毅力的好孩子！"

如果对于很多事情只是未雨绸缪地去想，就会觉得有很多的困难无法战胜，也会预见到糟糕的结果，但是当我们真正去做的时候，随着事情的不断发展，很多不利的情绪因素都会转化为有利因素，而且事情也会不断地往前推进，所以结果未必会像我们想得那么糟糕。

不去试一试，怎么知道呢？不管面对怎样的可能，我们都要努力勇敢地尝试，这样才能够最大限度把握结果，才能够真正展现和验证自身的能力。

爸妈有话说：

不管什么时候，你都要努力认真地去尝试，因为当你不去尝试就被困难吓倒的时候，虽然你不会面对失败，却同时失去了成功的小小可能性。记住，哪怕只有万分之一的可能，我们也要拼尽全力去努力，这样才能够用行动证明我们的实力，才能够用行动迎来最好的结果。

关注细节，把事情做得更完美

很多人在做事情的时候都只注意把握大的原则和方向，而忽略了细小的环节。实际上，真正追求完美的人不但会坚持原则和方向，也会坚持把每一件小事情都做好，因为一个真正诚实稳重的人，不管在什么地方，也不管面对什么事情，都会做出符合自身品行和道德的事情。从这个角度来说，越是面对很多小事情的时候，越是能够彰显出一个人的为人品性，也可以呈现出一个人做人做事的习惯。父母要告诉孩子，哪怕在细节之处，也要坚持原则和底线，这样才能够尽量把每一件事情都做到最好。

很多人都曾听说过见微知著，这句成语告诉我们，从微小的地方可以看出大的方面。对于孩子的成长，很多父母都会为孩子制订条条框框的大原则，却忽略了培养孩子对细节的关注。实际上，在细节方面的成长恰恰能够代表孩子真正的思想境界和为人品质。

男孩要想受人欢迎，要想给他人留下良好的印象，就一定要做好细节方面的事情，不能忽略细节。要知道，很多努力看似付出了很多，而一旦在细节方面有了疏忽，就会导致全盘皆输。因此男孩固然要付出所有的时间和精力去做好大的事情，但也要在做小事情的时候更加理性慎重，这样才能够把小事情做得恰到好处，才能在成长的过程中让自己更趋于完美。

教师节到了，妈妈为乐乐准备了三份小礼物，分别送给三位任课老师：语文老师、数学老师和英语老师。因为礼物是装在礼盒中的，妈妈担心老师不知道礼物是谁送的，所以还特意为乐乐准备了三张贺卡，让乐乐在贺卡上写上祝福的语言送给老师。

让她惊讶的是，乐乐是一个非常细心的男孩。在给语文老师的贺卡上，乐乐写得充满真情实意。原来，乐乐上一个学期的时候因为一些误会，与语文老师之间发生了不愉快。他没有忘记这件事情，在爸爸妈妈的教育下，他也早就认识到自己的错误。所以，他主动在贺卡上写道：“老师，我曾经不懂事，给您制造了很多麻烦，非常对不起您，也希望您能原谅我。”看到这样情真意切的话，老师深受感动，不但私底下感谢乐乐，还在课堂上公开表扬乐乐写的祝福语充满真情实意。得知这件事情之后，妈妈由衷地对乐乐竖起大拇指说：“乐乐，你的情商真是飞速地提升，你的做法非常棒，妈妈为你骄傲！”

因为误会而和老师之间发生矛盾和冲突，得罪了老师，不得不说，这对于孩子而言是一件很糟糕的事情。作为父母，当然也要向老师道歉，但是他们却无法消除老师心中对于孩子的不良感觉。幸好乐乐能够把细节做得非常好，把对老师的祝福语写得情真意切，由此一来真正地消除了老师心中因为误解事件受到的伤害，从而修复了师生之间的关系。

一个人的为人品性并不是只有在大是大非面前才能表现出来，其实越是在紧要关头，人越是会表现出自己的是非原则，但是在很多小事情上，因为一时心急，则往往会顾此失彼，或者本能地从自身角度出发考虑问题，为了维护自己的利益而做出考虑不周全的行为。男孩虽然总是粗心大意，但是在必要的时候也要小心谨慎、思虑周全，这样才能够把细节做得更好。把细节做好的男孩在人际交往中更受欢迎，也可以更加彰显出自己真实的状态，所以男孩一定要深思熟虑，这样才能够在处理很多问题的时候做得面面俱到。

爸妈有话说：

不要只顾着做好大事情而忽略了小事情，因为从某种意义上而言，小事情更能表现出你内心真实的想法和你的知识与涵养。记住，当你方方面面都做好了，你才能得到每一个人的认可，才能够在人际交往中得到他人的尊重。

确立目标，坚持不懈地努力

人生实际上只有三天时间，那就是昨天、今天和明天。对于每个人来说，昨天已经成为不可改变的过去，已经成为固定下来的历史，因而不要为了昨天的不如意或者是遗憾耿耿于怀，而应勇敢地放下昨天，努力地过好今天。在昨天、今天和明天之中，今天具有非同寻常的意义，因为随着时间的流逝，今天将会变成昨天，而今天做得如何又将会决定我们在明天的收获和表现，所以今天是承上启下的重要一天，甚至可以说每个人唯一拥有的一天，就是今天。只有过好今天，我们才会拥有无怨无悔的昨天，才能拥有值得期待的明天。这完全符合活在当下的现实主义思想，每个人都应该在短短的人生之中设定远大的目标，并且为了目标坚持不懈地努力经营每一个今天。记住，梦想始终在前方向你招手，你必须非常努力，不顾一切地奔向梦想，才能距离梦想越来越近。

很多人误以为只要非常努力，就能获得成功，实际上这种观念是错误的，因为成功无法一蹴而就，也不会被每个人轻易地得到。一个人要想获得成功，首先要为自己设定一个目标，然后才能形成努力的路径。唯有在努力的路径上顽强不懈地拼搏，坚持不放弃地进取，最终才能距离成功越来越近。由此可见，我们不仅要清楚目标的作用，而且要正确认识到目标的重要意义，这样才能够在万事没有俱备的情况下，先把目标制订好，从而让自己的努力有方向，也让自己的努力效率更高。

花花公子的创始人海夫纳就是一个目标明确的人，早在非常年轻的时候，他就立下了伟大的志向。他很擅长画漫画，因而进入了漫画公司工作。后来，他发现当时非常热销的杂志《老爷》吸引了大多数的男性读者，创办得非常成功，为此，他也想创办属于自己的杂志。为了了解《老爷》的经营和运作模式，他宁愿薪水低一些，跳槽到《老爷》杂志社工作了好几年的时间。在这几年的时间里，他完全熟悉了《老爷》杂志的运作及经营模式，从《老爷》杂志社出来之后，他就创办了自己的杂志社，名字叫《每月女郎》。《每月女郎》创刊之后销量非常高，导致《老爷》杂志对《每月女郎》意见颇深，甚至派出律师要起诉《每月女郎》。为了躲避无妄之灾，海夫纳不得不把《每月女郎》改名为《花花公子》。让他惊讶的是，改名之后，杂志的销量非但没有下滑，反而更加飞速增长。得到这样的结果，海夫纳感到非常欣慰。

海夫纳为什么能够成功呢？就是因为他很清楚自己想要什么。在制订目标之后，他就向着目标不断地前进，尽管过程是曲折的，但是他最终到达了自己的人生巅峰。可以与海夫纳相媲美的是著名演员施瓦辛格。当初，施瓦辛格之所以进军演艺界，是因为他从年轻的时候就想成为州长。但是施瓦辛格的家境很平凡，他没有独特的渠道参与政治，为了让自己的知名度更高，他只好迂回曲折地先进军演艺界。然而，施瓦辛格进军演艺界也不是那么容易的，他当时在贫民窟长大，而且身材瘦弱。为了在公众面前脱颖而出，他不得不参加健美先生比赛，通过在健美先生比赛中胜出，顺利进入公众的视野。此后，他才有机会进军演艺界。最终，施瓦辛格不但成为了好莱坞巨星，而且如愿以偿地在退出演艺圈之后成为了加州州长。对施瓦辛格而言，这当然是莫大的成功，但是这个成功并非得自于命运对他的青睐，而是因为他很清楚自己要什么，并且朝着目标不断地努力。

男孩一定要树立人生目标，这样才能够让人生的方向更加明确，才能够让自身的力量不断地增强，从而获得最终的成功。在人生之中，每个人都应该确立目标，并且要为了实现目标而不懈努力。如果没有坚定不移的心，在遇到坎坷挫折的时候，怎么会有勇气迎难而上呢？在坚强意念的支撑下，男孩才能想方设法帮助自己排除成功路上的障碍。

古往今来，每一个成功者都是战胜坎坷挫折，才能获得成功的，所以最重要的是在目标的指引下不懈地努力。要知道，人生从来不会平白无故地从天上掉馅饼，更没有一蹴而就的成功。在机会面前，人人平等，在命运面前，人人都要拼尽全力才能够做得更好。

爸妈有话说：

只有在人生目标的指引下，人才能始终勇往无前地奔向目的地。有目标指引的人生就像失去灯塔和罗盘的海中航船，很容易迷失方向。所以你一定要为自己制订目标，这个目标可以很远大，也可以是短期目标，指引你的短期行为。总而言之，你不能漫无目地在人生的海面上漂泊，最终不知所踪。

真正地成为命运的主人

有人说，生活是一场没有回程的旅行，的确如此。生活是没有回程票的，在生活之中，每个人将会遇到什么、经历什么，完全是随机的，取决于各种因素的综合作用。没有人可以预见自己的人生将会怎么样，但是有一点是可以肯定的，那就是每个人的人生都会遇到各种坎坷、挫折与磨难，不会始终一帆风顺、顺遂如意。打比方来说，生活就像在攀登一座高耸入云的大山，越是在向上攀登的过程中，人们越是会遇到各种各样的阻力，有的时候是恶劣的天气，有的时候是突然而至的泥石流，没有人能够预知在攀登山峰的过程中将会遇到怎样的恶劣环境和致命打击。因此，有的人在遇到小小的挫折和坎坷之后，马上选择放弃，他们宁愿往山脚下走，找一处安静的地方把自己藏起来，毫无疑问这样的人与成功无缘。而有的人则偏偏不会如此，他们天生就有不服输的精神，越是前路漫漫、道路艰难，他们越是知难而上。面对人生道路上的荆棘，他们从不畏惧，哪怕跌倒了，摔得鼻青脸肿，也会第一时间爬起来擦擦脸上的泪水，拍拍膝盖上的泥土，继续砥砺前行。曾经有心理学家经过研究证实，绝大多数人的先天条件都相差无几，之所以有的人能够获得成功，有的人总是与失败纠缠，就是因为他们对待失败和坎坷挫折的态度截然不同。

很多人把人生的不如意归之于命运，却不知道真正的命运只掌握在每个人自己的手中。因此，男孩一定要相信自己就是命运的主宰、就是上帝。记住，任何时候，一个人对于生命的态度，决定了他将会拥有怎样的生活，这一切都是外部的环境所无法改变的。

有一天，上帝闲来无事，决定去人世间走一走、看一看。他刚刚来到农田里，就遇到了农夫。原本上帝以为农夫并不认识他，却没想到农夫第一时间就认出了他是上帝。农夫赶紧跪倒在上帝面前，对上帝说："上帝啊，我祈祷了几十年终于能够见到您，希望您能满足我的愿望。"上帝感到很纳闷："几十年的时间里，你都在祈祷些什么呢？"农夫回答："我祈祷能够风调雨顺，没有任何的病虫灾害，让庄稼有个好收成。"上帝说："我在创造世界的时候就创造了风雨、创造了病虫灾害，因为我创造世界的原则就是不能够风调雨顺、顺从民意。"农夫听到上帝这么说，赶紧跪下来亲吻上帝的脚："上帝，如果您能够不让风雨和病虫灾害发生，田里的收成一定会非常好。"看到农夫这么虔诚，上帝答应农夫让他享受一年的风调雨顺、没有病虫灾害。农夫得到上帝的许诺后高兴不已，他想：如果在下一年的时间里天气真的很好，我一定会有成倍的收成。

一年的时间转眼即逝，到了收获的季节，农夫惊讶地发现他的土地里竟然颗粒无收。这是为什么呢？正在这时，上帝再次降临这片土地。看到土地的情形，上帝微笑不语，农夫质问上帝："上帝啊，天气这么好，也没有病虫灾害，为何我的庄稼没有收成？"上帝告诉农夫："一个人如果不经历任何考验，就不能够拥有坚强的脊梁，承担起重要的责任。一粒麦子如果没有恶劣的自然环境与它抗衡，它就会失去生存的意志力，最终变成一个空壳。"农夫恍然大悟。

人如果始终生活在顺遂如意的环境里，就会失去生活的动力，也会导致生命变得非常颓废和沮丧。麦子如果不需要面临风雨，也不曾遭遇病虫灾害的威胁，非但没有好收成，反而会导致颗粒无收。孩子的成长也是如此，明智的父母不会给孩子创造无忧无虑的生存环境，而是会让孩子承受一定的苦难和挫折，这样孩子才会变得更加坚强、有毅力。

爸妈有话说：

面对人生的逆境，不要抱怨，也不要悲观，你要知道，这一切都是命运对你最佳的考验。当你能够承担这些磨难，变得更加坚强，当你能够面对不公也依然心怀感恩，你才会真正变成人生的强者。

要相信自信的力量

当一个人面对困难总是轻易放弃，不断地质疑自己、否定自己，那么即使他所面临的困难并没有那么艰巨，他也无法真正地战胜困难，因为在他的心里住着"退缩"两个字。伴随着退缩而来的还有沮丧、悲观、绝望等负面情绪，这样一来，当然会压垮人强大的精神世界，也会导致人在成长的过程中陷入各种负面情绪之中无法自拔。

在这个世界上，最伟大的力量来自于爱。的确，爱是神奇的礼物，爱能够为人间创造奇迹。那么，爱是如何创造奇迹的呢？其实，爱之所以能够拥有爆发力，拥有持久的耐力，是因为爱产生了信任。从根本上而言，相信的力量是非常强大的，它拥有支撑起爱创造奇迹的力量。

在现实生活中，没有人能够一蹴而就，更没有人能够随随便便就得到想要的生活，每个人都会经历生活的磨难，也会在生活的艰难坎坷之中洞察生命的本相。然而，无论生活多么艰难坎坷，我们都不应该轻易放弃，一旦我们放弃了，我们在远离失败的同时也彻底与成功绝缘。尤其对于孩子而言，在成长的过程中一定会遭遇各种磨难，因此就更要坚持自己的内心，坚持相信自己。

自信的力量就是说孩子要相信自己的能力，要在相信自己的过程中坚持努力、绝不放弃，这样才能战胜内心深处的自卑，才能够战胜不自信，从而在遇到困难的时候继续勇往直前、坚定不移。对于孩子的成长而言，自信是精神的核心力量，自信能够让孩子鼓起勇气去面对困难，也能够让孩子排除万难实现梦想。在一步又一步努力进取的过程中，孩子距离成功越来越近，距离梦想也越来越近。不得不说，自信对于孩子的成长至关重要。相比自信的孩子，自卑的孩子就像漏了气的气球一样，根本没有办法漂浮到天空之中。

有一个年轻人因为自己身无分文而郁郁寡欢，对于人生都失去了希望，整日徘徊在河边，不知道人生的出路在哪里。有一天，年轻人正在河边徘徊的时候遇到了一个教士。看着年轻人失落的样子，教士忍不住问年轻人："年轻人，你怎么了？"年轻人回答："像我这样一文不名的穷人根本没有资格活在这个世界上。"教士听到年轻人的话，笑着说："其实你是一个百万富翁啊，难道你不知道吗？"年轻人很惊讶："我怎么可能是一个百万富翁啊？我连一百块钱都没有！"教士说："那你接下来回答我几个问题吧。如果让你付出健康为代价，换取二十万，你愿意吗？"年轻人不假思索地摇摇头。教士又问："如果让你以付出青春为代价，换取二十万，你愿意吗？"年轻人还是摇摇头。教士继续问道："如果让你付出年轻英俊为代价，给你二十万，你愿意吗？"年轻人想了想说，表示不愿意。教士接着问："假如让你付出聪明智慧为代价，让你变成一个傻瓜，但是你却能够得到二十万，你愿意吗？"年轻人当然不愿意，他觉得教士的话越来越不入耳，转身想要离开。教士喊他："年轻人，等一等，我只有最后一个问题。如果现在我给你二十万，但是你必须按照我的要求去杀人，下半生注定要在监狱里度过，你愿意吗？"年轻人抓狂起来，对教士喊道："你简直疯了，居然提出这些不可思议的问题，我为什么要做这些事情？"教士哈哈大笑起来，说："看看吧，你不正是一个百万富翁吗？你的健康、智慧、良知、年轻就是你的资本，轻轻松松就值一百万。你不愿意为了金钱而放弃它们，你比百万富翁还更加富有啊！"听着教士的话，年轻人恍然大悟，他高兴地离开教士，觉得自己的人生充满了希望。

很多人明明很富有，但是他们却毫不知情：在拥有健康的时候，他们并不知道健康的可贵；在拥有聪明才智的时候，却抱怨自己没有足够的钱；在能够自由地行走在人世间的时候，从未想到失去自由的人只能透过天窗看着外面的世界；在相貌英俊潇洒的时候，他们没有意识到这是命运对他们的赏赐。因此他们尽管拥有很多，却总是对命运怨声连连，觉得自己得到的太少，觉得命运太过残酷。而直到真正失去这一切的那一刻，他们才意识到自己的富有，但是一切已经为时晚矣。

在成长的过程中，每个孩子都会有各种不如意，其实只要想一想自己已经拥有却视若无睹的这些东西，男孩就会意识到自己的生命多么有价值、有意义。每个人都是上帝的子民，上帝对每个人都是公平的，在给一个人关上一扇门的同时，也会给他打开一扇窗。因此，不管得到命运怎样的对待，我们都应该怀着感恩之心面对生命，毕竟能够活着就是最好的事情。

爸妈有话说：

珍惜你所拥有的一切吧，因为当你相信自己是这个世界上最幸运的人时，你就真的会变得幸运。反之，如果你整天怨天尤人、唉声叹气，你一定会觉得自己没有得到命运的善待，也会因此而陷入非常悲观绝望的境地。

第 11 章

自控和自我管理，铸就你的前途

学会自控和自我管理，男孩才会有更好的前途，否则，原本就缺乏自制力的男孩，又如何能够在成长的过程中更好地掌控自我、获得成长呢！作为父母，在教养男孩的过程中，也要注重培养男孩的自制力和自律力，这样男孩才能真正地成长。

学会管理时间

在这个世界上，如果说有一种绝对的公平存在，那就是时间对于每个人的公平。对于任何人而言，时间都是绝对公平的，每个人每天都只有二十四个小时，每一个小时都只有六十分钟，每分钟都只有六十秒。不管一个人是有权有势还是穷困潦倒，时间从来不会为他停下脚步，时间总是滴滴答答地向前，在时间的流逝中，生命也悄然流逝。正如大文豪鲁迅先生所说的，时间是组成生命的材料，所以每个人都要更加珍惜时间，也要努力向上。

现代社会，很多人整天忙忙碌碌，奔波不息，总是说自己的时间不够用。实际上时间对于每个人都是公平的。既然你不是日理万机的总统，也不是事务缠身的军机大臣，为何会时间不够用呢？当看到别人悠闲自得的生活，当看到别人把每件事情都处理很好的时候，你应该反思自己：我不是没有时间，而是因为不懂得管理时间，所以才会成为时间的奴隶。

记得初中时期曾经学过一篇文章，是关于统筹安排的，是由科学家陈景润提出来的一个合理管理和利用时间的方式。学了这篇文章之后，大家的确在安排时间方面受到了很好的启发，但是却依然有人不懂得如何合理安排时间。其实时间就像海绵里的水，挤挤总还是有的，对于时间的珍贵，大文豪鲁迅先生还曾经说过，浪费他人的时间等于谋财害命，浪费自己的时间则是不可原谅的。因此，对于每个人都同样拥有的时间，我们一定要学会合理安排，也要学会把时间当成是自己最珍贵的资源去珍惜。这样一来，我们才能够提升时间的利用率，才能够合理安排好人生。

每个人在每一天之中都要处理好很多事情，这些事情有轻重缓急之分，并不是每件事情都是重要且紧急的。为了合理利用时间，就要对这些事情进行分类，第一时间完成那些重要且紧急的事情，然后完成那些紧急但不重要的事情。在完成那些重要但不紧急的事情之后，至于那些既不紧急也不重要的事情，可以在有时间的情况下去做，如果没有时间，则可以完全放弃。这样一来，我们就可以更高效地利用时间，还可以调整好时间，从而实现时间的最大效用。

有时间观念的人是很遵守时间的。在人际交往中，一个人如果不懂得遵守时间，浪费他人的时间，就会给他人留下非常恶劣的印象。为了更好地利用时间，我们应该学会管理时间，在时间还没有到来的时候就制订计划，规定每个时间段该做的事情。这样一来，只要按部就班地按照计划去做事，就不会过度浪费时间。当然，遵守时间还包括在相处的过程中不浪费他人的时间。例如，我们在拜访一位亲近朋友的时候，和对方约定好会在两点到三点的时间内，那么你就不能迟于两点到达朋友的家里，也不要在到了三点之后依然赖在朋友家里不走，因为到了三点之后，朋友很有可能会有其他的安排。即使朋友没有其他的安排，那也是属于朋友的私人时间，你不能去窃取和霸占。

很多人说话的时候喜欢进行长篇的铺垫，觉得这样可以营造良好的氛围，让谈话更加顺利地进行下去。实际上，对于时间观念特别强的人而言，这样的铺垫是在浪费时间。如果对方只给你五分钟，或者是三分钟的时间，你还有时间去进行长篇累牍的铺垫吗？对于不同的情况，我们应该采取不同的策略，如果时间紧迫，就应该开门见山，如果是在进行闲聊，有大把的时间可以用来挥霍，那么则可以先进行铺垫。总而言之，时间对于每个人都是非常宝贵的，时间是组成生命的材料，生命对于每个人只有一次机会，所以浪费他人的时间无异于谋财害命。因此，男孩一定要学会管理时间，因为随着不断地成长，男孩生命的主要任务不再是玩耍，而是要面对学习，面对工作，面对人际交往等各种复杂的事情。在这种情况下，只有珍惜时间，给自己留出更多的时间，才能够成功地斡旋于各种事情之中，并努力地做好每一件事情。

爸妈有话说：

学会管理时间之前，你会发现原本的二十四小时只用了二十个小时，但是在学会能管理时间之后，你会发现二十四个小时变成了二十八个小时。我们虽然无法预计生命将会在何时戛然而止，但是我们可以通过提升对时间的利用率，来拓宽生命的宽度，这样一来，生命才会更加充实和有意义。

远离拖延症

现代社会，很多人的拖延症越来越严重，明知道自己应该马上就开始做一件事情，但是他们却总是不断地拖延下去，找出各种理由和借口延迟行动，却不知道拖延症不管是对于一个民族、一个企业还是一个具体的人而言，都会导致生命的流失和时间的消耗。有的时候，伟大的理想和切实可行的计划，在拖延的过程中都会变成空想。因为当我们拖延的时候，外部的世界一直在发展和变化，周围的环境也处在不停的变动之中。也许原本我们很适合去做一件事情，但是现在却不适合再去做，所以我们要更加珍惜时间，做事情绝不拖延，从而才能够提升生命的效率，把学习和工作都处理和安排好。

要想远离拖延症，除了要珍惜时间，当机立断地展开行动之外，还要拥有勇敢的心。有些人做事情的时候之所以总是推三阻四，犹豫和迟疑不定，是因为他们的想法总是摇摆不定，无法做到坚定不移。在面对各种选择的时候，他们也会因为无法权衡利弊而放弃选择，就让事情这样僵持下去。从另一个角度来说，要想戒除拖延，还要更有胆识和魄力，能够分析事情的利弊，从而在最大限度内发挥自身的力量。

如今，很多人都羡慕世界首富比尔・盖茨，却不知道比尔・盖茨当初从哈佛大学退学的时候，是非常果断的。如果盖茨和他的好朋友一样选择等到学业结束后再去创业，那么也许他的人生就会变得截然不同。好的机会千载难逢，转瞬即逝，只有不拖延的人才能当机立断抓住好机会。而一个人如果陷入拖延的怪圈之中，即使有再好的机会，也会不知不觉地错过，所以要想戒掉拖延，还要拥有勇气。

有一户人家娶了一个新媳妇，新媳妇到家之后，就开始操持家务，干各种各样的家务活。新媳妇在修整菜园的时候，发现菜园里的小径上有一块大石头。这块石头正巧挡在菜园的道路中间，走路的时候必须绕着石头走上半圈。为此，新媳妇决定把石头挪走。

听说新媳妇要和巨大的石头作战，家里人都劝说新媳妇不要白费力气。丈夫告诉新媳妇："你看那块石头那么大，你根本就搬不动，做了也是白费力气，而且泥土下面一定还埋了很大一截，不知道要挖多大的坑，才能把石头挖出来。况且我们也没有足够的人手，无法把这么巨大的石头抬走。"新媳妇笑而不语，当即拿起镢头去刨石头。出乎意料的是，她才挖掘了没有多一会儿，石头就整个露了出来。原来，这块石头只有它表现出来的那么大，地底下只有很小的一部分，所以只需要两个人就可以把石头抬走。正是因为新媳妇的到来，菜园才变得畅通无阻，否则家里人每次去菜园都要绕着石头走半圈。

家里人之所以总是被石头挡住道路，就是因为拖延导致他们的生活长时间地承受困扰，也是犹豫不决让他们错失了尽早挖走石头的好机会。人都会在不知不觉之间把事情想象得非常困难，实际上，只要真正地展开行动，战胜困难，我们就会发现事情并没有那么糟糕。而且在行动的过程中，各种事情本身也在不断地向前推进和发展，甚至原本存在的阻力也会消失，由此可见，真正阻碍人们清除困难的不是困难本身，而是人的懒惰、软弱和拖延的本性。在遇到问题的时候，我们一定要当机立断去解决问题，而不要总是推三阻四。

记住，要想有所成就，要想实现自己的想法，就必须马上展开行动。在这个世界上，每个人都要面临和解决很多问题，生命如此短暂，美好的时光转瞬即逝，与其杞人忧天，还不如当机立断展开行动。哪怕在行动的过程中遭遇失败，也比停留在原地设想无数种可能来得更好。

爸妈有话说：

你一定要记住，当即展开行动，不管你面对的是怎样的困难，只有行动才有成功的可能，否则一切美好的想法都会变成毫无意义的空想，你的人生也会成为一种摆设。

控制好情绪，才有好前程

青春期男孩的情绪非常强烈，也很容易冲动，不但变化多样，而且非常复杂。因此青春期男孩在人际交往的过程中，很容易因为情绪而导致人际关系发生恶劣的转变，也有可能因为情绪的变动而使得自己陷入被动的境地。很多人都坚持以真面目示人，其实在人际交往中，完全地谈论自己的内心并非一件好事情。例如男孩心中有负面情绪，如果他们总是把这种负面情绪表现出来，就会给他人也造成很大的压力。如果男孩心中有愤怒的情绪，那么为了维持人际关系的良好发展，男孩最好控制这种愤怒的情绪，然后再想办法解决问题，否则一味地发泄愤怒，只会导致双方都变得很尴尬，也会使得彼此都陷入困境之中无法自拔。

不轻易表达自己的情绪，并不是以假面示人，虚伪地对待他人，而是在人际交往中的一种修养。只有有涵养的人才能始终保持面带微笑对待他人，而那些缺乏涵养的人一旦听到别人说了不入耳的话，马上就会与他人反目成仇。不得不说，这样的人是人际交往的毒瘤，时间久了，大家了解了他，就会渐渐地远离他，而不愿意继续与他相处。此外，不轻易表达自己的情绪，也是保护自己的一种方式。当一个人如同玻璃人一样透明，内心所有的想法都被他人看透，他的力量就会减弱。男孩一定要学会控制好自己的情绪，这既是保护自己，也是有礼貌、有涵养的表现。

当然，性格除了天生的因素之外，大部分都是在后天的成长之中，逐渐养成的控制自身情绪的能力。在陪伴男孩成长的过程中，父母要引导男孩变得更加稳重，教会他以正确的方式合理地宣泄自身的情绪。总而言之，不要让男孩成为情绪的奴隶，总是被情绪驾驭和驱使。

刚开车的老司机都知道开车的时候宁停三分不抢一秒，这是因为当红灯亮起时，就意味着交通的状况发生了改变。男孩要生气的时候也可以保持这样的原则，宁停三分，不抢一秒。实际上，各种愤怒等负面冲动的情绪就像是情绪道路上的红灯，很容易让孩子在这个重要的关口做出错误的选择。在这个时候，与其着急地表达自身的情绪，不如保持内心的淡定平和，这样才能够更加稳重，才能够更加从容地面对一切。

愤怒对于解决问题没有任何好处，而且情绪外露不但会暴露自己内心真实的想法，也会导致他人陷入尴尬之中。为了维护人际关系的和谐融洽，男孩一定要学会控制好自己的愤怒，越是在被别人侵犯的情况下，越是要保持情绪平静，这样才能彰显自身的涵养和气度。与此同时，也不要总是肆无忌惮地将愤怒呈现在脸上，这样既是对他人的尊重，也有利于自己素质的提升。

当然，如果你面对一个情绪失控的人，也要做好自己该做的事情，不要利用情绪来激怒对方，也不要利用情绪来控制对方。相反，你应该尽量帮助对方平复情绪，也可以试着换位思考，站在对方的立场和角度上考虑问题。这样一来，你就能够更加理解和宽容，也可以帮助对方更好地成长。

爸妈有话说：

每个人都有自己的情绪，人是感情动物，更是情绪的动物，在日常生活中，面对不同的事情时，人难免会产生各种各样的情绪。当情绪发生的时候，就要控制好情绪，也要理解和体谅他人的情绪，这样才能让人际交往顺利开展下去。

今日事今日毕，人生不堆积

人生就像多米诺骨牌，当你在某一天没有完成自己既定的计划而导致人生不断拖延下去的时候，你的人生就会陷入更加困窘的境地。因为每天都有需要做的事情，如果你把今天的事情拖延下去，那么明天就没有时间完成该做的事，不得不说，这是直接导致自己变得被动的根本原因，是我们应该极力避免的。

人生之中的很多事情并不是独立存在的，它们相互之间都有关联。人一定要制订远大的目标，如此才能给人生确定方向，让人生有所指引。但是人生的价值并不是由目标决定的，而是由实际行动来决定。即使目标再远大，如果不能付诸实际行动，而总是让目标变成空想，那么目标就是毫无意义的，也不会对人生起到督促的作用。因此，男孩一定要养成努力完成目标的好习惯，否则，如果每天都积压一些没有完成的事，那么，他们每天的生活都会不断地堆积，人生的脚印也一定会变得凌乱不堪。

因为缺乏自制力，男孩常常会犯拖延的毛病。很多父母误以为孩子天性喜欢拖延，实际上孩子并不是天生就爱拖延，而是因为在后天成长的过程中没有养成合理安排生活和学习的好习惯，所以才会拖延成性。爸爸妈妈不要把孩子的拖延视为理所当然，因为这会对孩子的成长起到糟糕的影响，也会导致孩子拖延的坏习惯日益严重。父母一定要积极地引导孩子养成今日事今日毕的好习惯，如此孩子每天才能够充实地度过。也只有每一个今天都过得充实而又有趣，孩子才会拥有无怨无悔的昨日，才会拥有值得期待的明天。在这样良性的循环之中，孩子的人生会变得更加充实精彩。

想让男孩做到今日事今日毕，就要努力提高男孩的自制力。归根结底，男孩的自制力很差，是因为他们的身心发展还不够成熟，也是因为他们的人生经验还很匮乏。在男孩成长过程中，父母要有的放矢地引导孩子，也要教会孩子合理计划和安排时间，否则，若孩子总是对自己的事情处于放松的态度，那么当时间不知不觉间溜走后，哪怕他们感到懊悔，也无法再把时间争取回来。

不管是父母还是孩子，都要养成今日事今日毕的好习惯，这样才能够充分利用生命中的每一分钟，才能够把手里的每一件事情都做得恰到好处。一旦形成观望的态度，对于人生空有美好的想法却不能付出实践，就会导致人生进入懈怠的状态，也会使得人生在拖延中变得一事无成。当然，培养孩子的时间观念并非是朝夕之间就能做成的事情，父母首先要为孩子树立积极的榜样，给予孩子极大的推动力，这样孩子才能渐渐地形成时间观念。否则，如果父母做事情就喜欢拖延，那么在父母的言传身教下，孩子受到的负面影响是很大的。

小学阶段作业比较少，所以小可每次都能够完成作业，虽然拖延的时间比较长，不过也并没有因为不能完成作业而被老师批评。进入初中之后，作业量越来越大，放学的时间也比小学变得更晚一些。这样一来，小可每天放学之后可以用来写作业的时间就大大减少，而作业又增加了很多，为此，小可在完成作业方面陷入非常被动的状态。他经常因为作业没有完成而被老师批评，又因为写作业写得太晚而哈欠连天，错过了老师在课堂上讲的重要内容。各种因素综合在一起，小可在学习上有了很大的退步，爸爸妈妈看到小可的状态很着急，却不知道如何帮助小可。

一个偶然的机会，爸爸参加了知名教育专家的讲座，得知孩子提升学习效率的最关键之处就在于今日事今日毕，一定要引导孩子学会合理安排时间，以提升学习效率。回到家里之后，爸爸当即把刚刚学习到的育儿知识运用到小可身上。他帮助小可一起制订时间计划，这样一来小可就可以有条不紊地完成作业。当然，最开始的时候，小可并不适应这样紧凑的时间安排，为此也有一些排斥。在爸爸的坚持下，他居然提前完成了作业，这让他有了莫大的成就感，也从抵触变为配合，主去积极地完成作业。

孩子其实不愿意拖延，但是一旦他们养成拖延的坏习惯，就会成为时间的奴隶，被时间追赶。要想让孩子养成当天的事情当天做完的习惯，要想让孩子的人生不因为时间的追逐而变得紧张、局促，父母就要引导孩子学会制订计划。因为只有在计划的安排下，孩子才能按部就班地完成该完成的事情。在制订计划之后，最重要的是帮助孩子执行计划，如果计划制订得非常完美，但是却不能切实执行，那么计划就会空洞且毫无意义。

只有把每天该做的事情做完，孩子在次日才有充足的时间去做最该做的事情，这样一来，孩子的人生也就不至于紧张局促。等孩子每天都能完成该做的事情，他们就会在不断积累的过程中提升和完善自我，并且得到更好的成长和发展。

爸妈有话说：

孩子，你每天都有该做的事情，所以不要把今天的事情推到明天去做，否则人生的多米诺骨牌就会被推翻，导致你未来的日子里会积累越来越多的任务。当这些任务堆积如山时，你根本无法面对。最好的办法就是要求自己一定要完成当天的任务，这样才能够生活得更加从容。

珍惜点点滴滴的时间

时间就像海绵里的水，挤挤总还是有的。一个人拥有再多的财富，也不如拥有更多的时间。很多成功人士最大的优点就是懂得珍惜时间，他们深深地知道，时间就是金钱，时间就是生命。男孩要想拓宽生命的宽度，想让人生变得充实而有意义，首先要从珍惜时间开始做起。当然，只有时间观念是远远不够的，在时间观念的指导下，我们更要懂得珍惜时间，也要从生活的细节中节省点点滴滴的时间，这样才能够提升时间的利用率，才能够让人生变得更加充实。

科学家经过统计之后得出结论，在漫长的一生之中，每个人都有三分之一的时间用于学习和工作，有三分之一的时间用于睡眠，还有三分之一的时间用来休闲。实际上，这三分之一的休闲时间是非常零散的，往往化整为零，消失在人生的很多间隙中。假如一个人从年轻的时候就学会珍惜时间，那么到他年老的时候，就会有大量的休闲时间。男孩要想进步，就要学会利用这些零散休闲的时间，从而才能有效拓展人生的宽度。在心理学领域，有个著名的一万小时定律，意思是说一个人如果每天抽出三个小时做事情，那么只要长年累月地积累下去，他就会有伟大而又非凡的成就。实际上，仅从每天单独的三个小时上来看，三个小时并不是一个很长的时间，但是只要长期坚持下去，把这三个小时利用好，人生就会有非常大的收获和成就。

每天都要付出三个小时，要想达到一万个小时就需要十年的时间，而一个人如果数十年如一日坚持做自己喜欢的事情，就会产生质的飞跃。尤其是在高效利用这三个小时的情况下，时间给人带来的质变是让人震惊的。珍惜时间，除了挤出点滴的时间之外，还要提升做事情的效率，在同样的时间里，有的人可以做更多的事情，更加高效；而有的人只能做很少的事情，效率低下。所以父母要想培养孩子珍惜时间的观念，让孩子学会把点点滴滴的时间聚集成时间的海洋，就要从这两方面入手，努力培养孩子的时间观念。

当然，时间不会因为任何人而驻足，它总是滴滴答答地往前走，悄然流逝。父母要善于管理时间，这样才能够有的放失地引导孩子珍惜时间。生活中的每时每刻都有时间在悄然流逝，如果能够抓住点点滴滴的时间做那些重要的事情，就可以让孩子不断地改进自己对时间的安排，提高对时间的利用效率。

当然，父母也要意识到孩子的生活是需要节奏的，请避免始终盯着孩子珍惜时间，因为这样会导致孩子不堪重负、苦不堪言，在孩子感到疲惫的时候，要给予孩子更多的时间去休息。唯有如此，孩子才能做到劳逸结合，在做事情的时候效率也会更高。有的时候男孩会假装在做一些事情，而实际上却在偷懒。与其如此，不让孩子玩的时候高高兴兴地玩，学的时候全力以赴地学。孩子只有休息好了，才能全身心投入，做好该做的事情。总而言之，父母要督促孩子珍惜时间，也要尊重孩子的身心发展规律，从而对孩子做出适度引导。

常言道，凡事过犹不及，当父母对于孩子寄予太高的期望时，也常常会因此而对孩子感到失望。而过度督促和逼迫孩子，则会导致孩子产生逆反心理，尤其是处于叛逆期的男孩，一旦产生逆反心理，对于他们的成长就是极其不利的。因此父母一定要掌握正确的方式方法引导孩子，否则就会导致事与愿违。

爸妈有话说：

在人生的间隙中，有无数细小的时间都在悄悄地溜走，如果你能够争分夺秒地抓住这些时间来学习或者做自己喜欢的事情，就无形中拓宽了人生的宽度。记住，没有人能决定生命的长度，但是生命是否有效率，则是可以把握的。

参考文献

[1]汲红.犹太人这样给孩子定规矩[M].北京：台海出版社，2016.

[2]沧浪.爸爸说给青春期儿子的私密话[M].北京：中国妇女出版社，2011.

[2]成墨初.告诉儿子，你真棒[M].北京：华中师范大学出版社，2011.